LA

Anika Pätzold

Binge EATING

IN 5 SCHRITTEN ERFOLGREICH ÜBERWINDEN

Endlich verstehen, was bei Essattacken wirklich hilft – Finde zurück in ein Leben ohne emotionales Essen und stärke dein Selbstwertgefühl

Sollte diese Publikation Links auf Webseiten Dritter enthalten, so übernehmen wir für deren Inhalte keine Haftung, da wir uns diese nicht zu eigen machen, sondern lediglich auf deren Stand zum Zeitpunkt der Erstveröffentlichung verweisen.

Die Informationen dieses Buches können einen ärztlichen Rat nicht ersetzen. Bitte konsultieren Sie bei ernsthaften gesundheitlichen Beschwerden in jedem Fall eine Ärztin oder einen Arzt.

Alle Ratschläge im Buch sind sorgfältig erwogen und geprüft. Alle Angaben in diesem Buch erfolgen ohne jegliche Gewährleistung oder Garantie seitens des Autors und des Verlags. Die Umsetzung erfolgt ausdrücklich auf eigenes Risiko. Eine Haftung des Autors bzw. des Verlags und seiner Beauftragten für Personen-, Sach-und Vermögensschäden oder sonstige Schäden, die durch die Nutzung oder Nichtnutzung der Informationen bzw. durch die Nutzung fehlerhafter und/oder unvollständiger Informationen verursacht wurden, sind ausgeschlossen. Verlag und Autor übernehmen keine Haftung für die Aktualität, Richtigkeit und Vollständigkeit der Inhalte, ebenso nicht für Druckfehler. Es kann keine juristische Verantwortung sowie Haftung in irgendeiner Form für fehlerhafte Angaben und daraus entstehende Folgen von Verlag bzw. Autor übernommen werden.

1. Auflage

Lindenstraße 13, 73486 Adelmannsfelden
Lektorat: Susanne Zeyse
Covergestaltung: Sprudelkopf Design – Jasmin Raif
www.sprudelkoepfe.com
Umschlagmotiv: iStockphoto, ©Moostocker, ©thekopmylife
Vorwort: Christina Kolbe, Diplom Psychologin und Hypnosystemische Therapeutin
www.christina-kolbe.de
Druck und Bindung: Amazon Distribution
ISBN 978-3-982-40702-9

INHALTSVERZEICHNIS

VORWORT

Binge Eating - der ungebetene Gast: Stell dir vor, du erhältst jede Woche, jeden Tag oder nur sporadisch Besuch von einem ungebetenen Gast. Mit Gewalt bricht er die Tür auf, macht sich in deinem Wohnzimmer breit, ist laut und aufdringlich, vielleicht sogar gewalttätig. Du hast alles versucht: gut Zureden, Mahnen, Beschimpfen, Ignorieren, Kämpfen. Er ist nicht unter Kontrolle zu bekommen, er kommt immer wieder, so sehr du in guten Zeiten auch glaubtest, ihn „im Griff" zu haben. Er schadet dir, nimmt immer mehr Raum ein, macht dein Leben und deinen Körper kaputt. Je mehr du kämpfst, desto stärker scheint er zu werden.

So ein Vergleich lässt sich bei vielen psychischen Symptomen anstellen. Gemeinsam ist ihnen allen der Kontrollverlust. Mit jedem Anfall schwindet der Glaube an Besserung und an sich selbst: Die Spirale scheint unaufhaltsam.

Das Binge-Eating-Syndrom ist deswegen so tückisch, weil das gefühlt unkontrollierbare Essen Auswirkungen auf das Selbstwertgefühl und den Körper hat. Unmittelbar nach dem Anfall, aber auch langfristig durch die unvermeidbare Gewichtszunahme, die wiederum für Scham und sozialen Rückzug sorgt.

Die Tatsache, dass du dieses Buch in deinen Händen hältst, zeigt jedoch, dass du dich nicht damit abfinden willst; dass du die Entscheidung getroffen hast, etwas zu verändern und die Kontrolle über dein Essverhalten, dein Leben und dein Wohlbefinden wieder zu übernehmen. Dies ist dein erster Schritt auf der Reise in ein selbstbestimmtes Leben. Und wenn du diese Hürde genommen hast, wird es dir auch gelingen, andere Bereiche deines Lebens zu verändern. Essenziell ist jedoch, dass du ein Bild von deinem Leben nach dem Binge Eating hast. Um ein Ziel erreichen zu können, müssen wir es vor Augen haben. Dabei macht es nachgewiesen keinen Unterschied, ob wir es im Außen oder in unserer Vorstellung sehen.

Dieses Buch vermittelt dir die nötigen Techniken und nützliche Strategien, damit du langfristig erfolgreich sein wirst. Die Motivation und das Durchhaltevermögen zur Umsetzung der beschriebenen Schritte kannst du aus der Vision, dem inneren Bild von deinem Ich in der Zukunft schöpfen. Erschaffe dir vor der Lektüre eine möglichst lebendige Vorstellung, wie du künftig in Freiheit leben wirst. Woran wirst du merken, dass die Methode funktioniert? Wie wird dein Umfeld reagieren? Wie fühlt sich der Körper an, wenn du X Kilo abgenommen hast? Welche Kleidung wirst du kaufen? Welche beruflichen Auswirkungen wird die Veränderung haben? Schreibe oder male dir diese Zukunftsvision so detailliert wie möglich auf. Dein innerer Kritiker – der übrigens ein Teil des Krankheitsbildes ist – wird dabei versuchen, dich zu boykottieren. Es werden Sätze fallen wie „Völlig unrealistisch, nun bleib mal auf dem Teppich!" oder „Finde dich damit ab, dass du es nie schaffen wirst!" und „Du bist sowieso zu schwach, das durchzuhalten!" Sei darauf gefasst, lass ihn plappern und schreibe weiter. Lasse ihn nicht mitreden bei der Erschaffung deiner Zielvision.

Achte nun darauf, deine Vision in deinem Alltag präsent zu halten. Lass das Geschriebene oder Gemalte auf dem Nachttisch oder deinem Schreibtisch gut sichtbar liegen oder nutze die Zielvision bei Entspannungsübungen oder Meditationen. Veränderungen sind möglich und machbar, wenn wir daran glauben.

Sehr hilfreich und effektiv ist die Selbstbeobachtung, wie sie im vorliegenden Buch beschrieben ist. Wichtig ist hierbei die reine Beobachterperspektive, ohne Bewertungen. Diese werden sich anfangs noch aufdrängen, zumeist in Form von Selbstabwertungen. Dieser Perspektivwechsel allein ist bereits ein Schritt in die Besserung. Ein zweiter Wirkfaktor ist, dass du dich besser kennenlernst. Welche Umstände führen bei dir zu einer Essattacke? Schaue ganzheitlich auf Umfeld und Umstände, Gedanken und Gefühle, die in diesem Moment präsent waren.

Und bei allem Leid: Es ist hilfreich, sich zu fragen, wozu ein Symptom dient und welchen Nutzen es neben all den Nachteilen auch haben könnte. Nutzen? Ja, Nutzen. Beispielsweise könnte die Gewichtszunahme dich vor zwischenmenschlichen Enttäuschungen bewahren, da du aus Scham keine Beziehungen mehr eingehst.

Wenn du den Nutzen erkannt hast, den dein Essverhalten dir bringt, wird sich deine Einstellung zu dem Symptom und zu den Essattacken Stück für Stück ändern. Und du kannst beginnen, dein Leben entsprechend anzupassen und die Umstände so zu verändern, dass sie zu deinen Bedürfnissen passen. Hier sollte alles auf den Prüfstand kommen: Job, Beziehung, Freunde, Familie. Tust du dir in einem oder mehreren der genannten Bereiche psychische Gewalt an? Glaubst du funktionieren zu müssen, auch wenn es schwer ist? Zähne zusammenbeißen, Tag für Tag? Eigentlich kein Wunder, dass ein Teil von dir rebelliert, oder?

Versteh dein Symptom als eine Kontrollleuchte der Seele. Es wird nicht reichen, die Leuchte auszuschalten, sondern für nachhaltige Besserung musst du Ursachenforschung betreiben und echte, ganzheitliche Veränderungen deiner Lebensumstände anstreben.

Vielleicht macht dir die Aussicht auf radikale Veränderungen sogar Angst? Angst stellt häufig einen zentralen Faktor des Krankheitsgeschehens dar. Nimm deine Angst an die Hand und gehe weiter auf deinem Weg, denn du bist es, die entscheidet! Vergiss nicht, was dich nach überstandener Veränderung erwartet, nämlich unbezahlbare Freiheit, Stolz auf dich selbst und eine große Kraft und Energie, die auch dein jetziges und künftiges Umfeld beeindrucken wird. Wenn du dies geschafft hast, wirst du jede zukünftige Herausforderung meistern, das verspreche ich dir!

Der zentrale Wirkfaktor ist, langfristig am Ball zu bleiben, sich weder von äußeren noch von inneren Stimmen oder Rückfällen entmutigen zu lassen. Psychische Heilungsprozesse gleichen einem Training. Wie der Körper braucht auch die Seele ihre Zeit. Gewohnheiten müssen neu gebildet werden. Dazu braucht es Geduld mit sich selbst und Regelmäßigkeit. Dabei ist es völlig in Ordnung, sich therapeutische Hilfe zu holen, vor allem, wenn traumatische Ereignisse in der Kindheit und Jugend eine Rolle gespielt haben.

Gehe also in den Dialog mit deinem Besucher, frage ihn und dich, was er dir zu sagen hat. Das wird ihm langfristig den Wind aus den Segeln nehmen und er muss sich nicht mehr mit Gewalt aufdrängen, da er vor allem eins will: gehört und angeschaut werden.

Ich wünsche dir auf deinem Weg alles Gute und freue mich mit dir auf deinen Erfolg!

Christina Kolbe (Diplom Psychologin und Hypnosystemische Therapeutin)

EINFÜHRUNG

Nur wer selbst von Binge Eating betroffen ist oder einmal war, kann wirklich nachvollziehen, wie kräftezehrend, belastend und niederschmetternd die Versuche, endlich damit aufzuhören, sind. Aussprüche von Freunden und Familie wie „Iss doch einfach nicht so viel“ oder „Du brauchst mehr Disziplin“ schmerzen in diesen Momenten wie Salz in einer offenen Wunde.

Vielleicht kennst du solche Erlebnisse, hast bereits unzählige Male die Lippen aufeinandergepresst, dir ein Lächeln abgerungen und stumm genickt, um weitere Kommentare und gut gemeinte Ratschläge zu umgehen. Vielleicht gehörst du auch zu denjenigen, die generell nicht mit anderen über ihr Essverhalten oder über ihre Probleme im Leben sprechen. Oder die dir nahestehenden Personen wissen bereits, dass du beim Thema Essen, Körperbild und Abnehmen schnell in die Luft gehst und vermeiden es daher, in deiner Gegenwart darüber zu reden. Es ist auch möglich, dass du einer der Menschen bist, die Bekannten gegenüber offen sind, was die eigene Figur und Ernährung betrifft. Dann hast du wahrscheinlich alle möglichen Tipps und Tricks von ihnen ausprobiert, um endlich gesünder zu leben, Gewicht zu verlieren und diese zermürbende Angewohnheit des maßlosen Essens loszuwerden.

Egal, zu welcher Gruppe von Menschen du dich zählst: Dir ist es bisher nicht gelungen, eine dauerhaft gesunde Beziehung zur Nahrung und deinem Körper aufzubauen. Trotz aller Bemühungen um Entsagung und Disziplin wirst du immer wieder von spontanen Essanfällen und Gelüsten heimgesucht, die du einfach nicht unter Kontrolle bekommst.

Es kann beschämend sein, sich einzugestehen, dass man Hilfe braucht. Aber heutzutage ist es kein Tabu mehr, sich Ernährungs- und Abnehmgruppen anzuschließen, zum Therapeuten zu gehen oder an diversen Programmen zur Eindämmung von ernährungsbedingten Suchttendenzen teilzunehmen. Dennoch haftet dem Kampf mit den Pfunden und dem damit verbundenen neuen Erlernen der Aufnahme der „richtigen" Nahrung in einer angemessenen Menge, in den Köpfen vieler Menschen noch immer ein nur schwer zu überwindendes Stigma an.

„Woran liegt es bloß, dass du dich nicht beherrschen kannst?"

„Wahrscheinlich sind es deine Gene, da kann man nichts machen."

Das sind nur einige wenige Aussprüche dieser Art, die gleichermaßen demotivieren und verletzen. Und trotzdem: Wie oft hast du dich schon gefragt, wie es wäre, wenn du nicht dieses nervige Problem mit dem Essen hättest? Wie würde es sich anfühlen, endlich frei und unbeschwert zu leben, statt jeden Tag aufs Neue diesen stillen Krieg mit den Mahlzeiten auszufechten? Darfst du dieses oder jenes noch essen oder ist das bereits zu viel? Hast du schon wieder „versagt" und deshalb ist jetzt sowieso alles egal? Bist du dir immer häufiger sicher, dass du dein Ziel doch niemals erreichen wirst?

Jetzt mach mal einen Punkt.

Halte einen Moment inne und atme durch. Im Ernst, schließe genau *jetzt* deine Augen und konzentriere dich auf deine Ein- und Ausatmung. Zähle im Geiste bis zehn, dann darfst du die Augen wieder öffnen. Fertig? Super.

Den ersten und wichtigsten Schritt hast du bereits gemeistert! „Wie das?", fragst du dich. Ganz einfach: Um eine Veränderung in deinem Leben zu erzielen, beginnst du mit einer Pause, um Abstand zu gewinnen von deinem bisherigen Denken, Fühlen und Handeln. Denn genau diese Aktionen haben dich an den momentanen Punkt deines Lebens geführt. Leuchtet ein, oder?

Ein kluger Mann namens Albert Einstein hat gesagt: „Probleme kann man niemals mit derselben Denkweise lösen, durch die sie entstanden sind." Das gilt ebenso für deine Emotionen und deine Aktionen, dein Tun. Denn aus diesen drei Komponenten setzt sich deine Persönlichkeit zusammen und deine Persönlichkeit bestimmt die Erfahrungen in deinem Leben.

Aber was ist mit den Dingen, die scheinbar zufällig geschehen?

Ein einfaches Beispiel: Hanne und Paula picknicken beide zur selben Zeit auf einer grünen Wiese im Park. Hanne befindet sich in Berlin, Paula in München. Es ist strahlender Sonnenschein und beide könnten nicht glücklicher über diesen herrlichen Tag sein. Doch dann, urplötzlich, als hätte jemand einen riesigen Eimer Wasser über ihren Köpfen ausgekippt, beginnt es in Strömen zu regnen. Für Hanne aus Berlin ist der Tag gelaufen. Ihr Lieblingsbuch ist nass geworden und vor lauter Schreck über die spontan hereinbrechende Sintflut hat sie versehentlich ihr Handy in das Stück überteuerte Schokoladentorte plumpsen lassen, das sie sich vorhin extra noch gekauft hat. Beim Zusammenpacken ihrer Sachen rutscht sie in dem glitschigen Gras aus, fällt der Länge nach hin und denkt zähneknirschend daran, dass so etwas ja passieren „musste", denn mal ehrlich – wann hatte sie zuletzt schon mal Glück im Leben?

Ungefähr fünfhundertsechsundachtzig Kilometer entfernt in München wird Paula ebenfalls nass, was sie im ersten Augenblick nicht gerade prickelnd findet. Doch dann erinnert sie sich daran, was ihre längst verstorbene Großmutter stets zu sagen pflegte: „Wenn über dir ein Unwetter tobt und du klitschnass wirst, mach einfach die Augen zu und tanze." Während Hanne fluchend das Weite sucht und diesen Tag rasch aus ihrem Gedächtnis streichen wird, erzählt Paula am Abend einer Freundin von ihrem ungewöhnlichen Picknick und ihrer kleinen Tanzeinlage im warmen Sommerregen, die sie richtig glücklich gemacht hat.

Und die Moral dieser Geschichte?

Es gibt noch eine vierte Komponente, die bestimmt, ob du eher ein erfüllendes, dich zufrieden machendes oder ein enttäuschendes, deprimierendes Leben führst: Deine *Bewertung* der Erfahrungen, die du machst.

Es ist vielleicht nicht fair, dass ausgerechnet du ein Problem mit dem Essen und deinem Gewicht hast. Was ist denn mit Dieter, der zwei-, dreimal im Jahr so richtig über die Stränge schlägt, aber ansonsten kein Problem damit hat, Maß beim Essen zu halten? Obendrein hat er auch noch eine sportliche Figur sowie eine gesunde Beziehung zu seinem äußeren Erscheinungsbild! Warum ergeht es ihm nicht wie dir?

Diese Fragen sind frustrierend und führen zu nichts.

Das Wichtigste ist nämlich der heutige Stand der Dinge. Sicher hättest du kaum dieses Buch gekauft, wenn du dir nicht Sorgen über dein Essverhalten machen und gerne etwas daran ändern würdest. Du hast erkannt, das etwas in deinem Leben nicht richtig läuft und den aufrichtigen Wunsch nach einer Veränderung. Das ist bereits die halbe Miete. Lerne deine aktuelle Situation positiver zu bewerten, statt dich wegen deiner Schwächen niederzumachen. Es bringt nichts, wenn du dein Handeln oder deine Figur mit Missbilligung und Kritik strafst oder dich selbst verdammst, weil du zu den vielen Menschen gehörst, die an Binge Eating leiden.

Wahrscheinlich kommt es dir im Augenblick noch undenkbar vor, aber es ist gut möglich, dass du in einer gar nicht so fernen Zukunft durch deine Heilung einem oder gleich mehreren Menschen helfen wirst. Dann nämlich, wenn du ihnen anhand deiner Erfahrungen zeigst, wie sie ihre in kurzen oder längeren Zyklen spontan auftretende Esssucht transformieren können. Und ist das nicht eine der schönsten und bereicherndsten Erfahrungen, die wir im Leben machen können: Andere durch unsere eigenen Hindernisse und überwundenen Komplikationen zu inspirieren, ihnen zeigen, dass Veränderung möglich ist und dass jeder neue Schritt mehr Stärke, Widerstandsfähigkeit und eine tiefere Weisheit in einem zum Vorschein bringt.

Dabei ist es vollkommen egal, wie oft du bereits versucht hast, dein Binge Eating in den Griff zu bekommen und doch wieder gescheitert bist. Es macht auch keinen Unterschied, ob du erst seit einem Jahr oder bereits seit über zwanzig von der Essstörung betroffen bist. Das vorliegende Buch wird dir zeigen, wie du nachhaltig und unmittelbar ein anderes, nährenderes und erfüllteres Leben führen kannst.

Du wirst lernen, wie dein Binge Eating entstanden ist, was den genauen Mechanismus ausmacht und warum es so schwierig ist, ihn zu durchbrechen. Denn die Theorie ist für die erfolgreiche Praxis unerlässlich. Der vielleicht wichtigste Teil dieses Buches wird der zweite sein, denn darin erfährst du die wertvollen Techniken für deine Heilung. Ich bitte dich trotzdem, nicht bereits jetzt zu diesem Kapitel vorzuspringen, denn das Vorwissen und die zugehörigen kurzen Selbstauskünfte und Aufgaben bilden die unerlässliche Basis für deine dauerhafte Genesung.

Ich wünsche dir von Herzen alles Gute auf deinem Weg in ein leichteres Leben, ohne den mentalen, emotionalen und physischen Ballast von wiederkehrendem exzessivem Essen.

Wenn du dich an die in diesem Buch vorgestellte 5-Schritte-Methode hältst, kannst du es schaffen – davon bin ich überzeugt. Glaube an dich und sei es dir wert, die nachfolgenden Kapitel aufmerksam zu lesen und das Gelernte Stück für Stück umzusetzen. An Binge Eating zu leiden, ist keine Charakterschwäche oder gar ein Mangel an Willensstärke. Es ist ein Fehler im System, der mit der 5-Schritte Methode behoben werden kann. Auf dein neues Leben!

Schritt 1

BINGE EATING DAS
DAS KRANKHEITSBILD
UND SEINE URSACHEN
VERSTEHEN

WAS IST BINGE EATING ÜBERHAUPT?

Binge Eating ist ein englischer Begriff, den wir im Deutschen übernommen haben. Frei übersetzt bedeutet er soviel wie übermäßiges, exzessives Essen. Betroffene leiden immer wieder an Essanfällen, bei denen sie große Mengen an Nahrung aufnehmen. Das Gefühl des Kontrollverlustes ist dabei ein wichtiges Merkmal. Die Essstörung gehört zu den häufigsten in Deutschland. Nach Untersuchungen des Robert Koch-Instituts sind bis zu fünf Prozent der Bevölkerung landesweit von Binge Eating und Heißhungerattacken betroffen. Das sind über zwölf Millionen Frauen und Männer! In Amerika leiden 3,5 Prozent der weiblichen und zwei Prozent der männlichen Bevölkerung an einer Binge-Eating-Störung. Auch dort gehört sie zu den am häufigsten vorkommenden Essstörungen.

Ein gestörtes Essverhalten beginnt meist schon im frühen Kinder- und Jugendalter. Das RKI fand heraus, dass betroffene Mädchen und Jungen oftmals im Alter von elf bis siebzehn Jahren eine Essstörung entwickeln. Mädchen betrifft dies doppelt so oft wie Jungen. Darüber hinaus tendieren diese jungen Menschen besonders häufig zu Depressionen, übermäßigen Ängsten und anderen psychischen Problemen. Viele von ihnen empfinden ihren Körper als nicht schön und zu dick, selbst wenn sie ein normales Gewicht haben. Für die Diagnose der Binge-Eating-Störung ist die Zahl der Tage, an denen die Essanfälle auftreten, ein wichtiger Faktor: etwa, wenn sie einmal in der Woche über einen Zeitraum von drei Monaten auftreten. Die Binge-Eating-Störung, kurz BES, wurde bereits Anfang der neunziger Jahre als vorläufige psychiatrische Diagnose in das DSM-IV, das „Diagnostic and Statistical Manual of Mental Disorders“ aufgenommen. Das DSM ist ein Klassifikationssystem für psychische Störungen von der American Psychiatric

Association. In diesem werden mithilfe von fünf Achsen ausschließlich psychische Störungen klassifiziert.

Klinische Störungen und andere klinische relevante Probleme: Diese Achse fasst klinische Störungen und andere bedeutsame klinische Probleme, abgesehen von Persönlichkeitsstörungen und geistigen Behinderungen, zusammen. Dazu gehören unter anderem Delir, Demenz, Amnesie, Störungen im Zusammenhang mit psychotropen Substanzen, Psychosen, Angststörungen, Schlafstörungen, Störungen der Impulskontrolle und Essstörungen.

Persönlichkeitsstörungen und geistige Behinderungen: Diese Achse erfasst unter anderem paranoide, schizoide, schizotype, antisoziale, Borderline-, narzisstisch, vermeidend-selbstunsichere und zwanghafte Persönlichkeiten.

Medizinische Krankheitsfaktoren: Die dritte Achse nimmt zusätzliche medizinische Krankheitsfaktoren auf, die für das Verständnis und den Umgang mit der jeweiligen psychischen Störung des Patienten von Bedeutung sind. Es ist möglich, dass diese in unklarer Beziehung zu der psychischen Störung stehen, wie zum Beispiel Erkrankungen des Nervensystems, des endokrinen Systems, infektiöse Erkrankungen, Immunstörungen oder Erkrankungen des Bewegungsapparates. Ebenso kann es sein, dass sie eine direkte zugrunde liegende Ursache für die Entstehung oder Verschlechterung der Erkrankung darstellen.

Psychosoziale und umgebungsbedingte Probleme: Diese Achse beinhaltet psychosoziale und umgebungsbedingte Probleme, welche mit der Diagnostik, Prognose oder Behandlung einer Störung der ersten oder zweiten Achse in Wechselwirkung treten und diese beeinflussen könnte. Dazu gehören jegliche Probleme des sozialen Umfeldes. Diese können den Beruf, die Ausbildung, die Wohnsituation, die Krankenversorgung, den wirtschaftlichen oder rechtlichen Bereich betreffen.

Globale Erfassung des Funktionsniveaus: Die fünfte und letzte Achse macht sich das sogenannte Global Assessment of Function-Scale (GAF) zunutze, mit deren Hilfe das berufliche, soziale und psychische Funktionsniveau definiert wird, das eine einwandfreie Planung der Therapie, eine Wirksamkeitsprüfung sowie die Stellung einer genauen Prognose ermöglicht. Die jeweiligen Funktionsniveaus reichen von „hervorragender Leistungsfähigkeit in einem breiten Spektrum von Aktivitäten" bis zur „ständigen Gefahr, sich oder andere schwer zu verletzen, Selbstmordabsichten oder der anhaltenden Unfähigkeit, die minimale persönliche Hygiene aufrechtzuerhalten".

Menschen, die das Krankheitsbild Binge Eating aufweisen, unternehmen, anders als Betroffene der Bulimie, keine Gegenmaßnahmen wie Sport, Erbrechen oder Abführmittel zur Gewichtsreduktion. Sie unterscheiden sich außerdem von „Grazern" oder „Nibblern", die kontinuierlich mehr oder weniger kleine Mengen Nahrung zu sich nehmen oder Personen mit der „Night-Eating-Störung", die vor allem von nächtlichen Essattacken geplagt werden.

Ein an Binge Eating erkrankter Mensch kann auch an einer Mischform der genannten Essstörungen leiden. Letztere zwei sind bisher noch nicht als eigenständige Krankheitsbilder im internationalen Klassifikationssystem für psychische Erkrankungen anerkannt. Sie werden stattdessen unter der Kategorie „Nicht näher bezeichnete Essstörungen" geführt.

Bei etwa der Hälfte der Betroffenen einer Binge-Eating-Störung gingen vor der Entwicklung der Essstörung rationiertes Essen (Diäten, Zügelung und übermäßige Reduktion) voraus. Auch fand man heraus, dass bei besagten Personen das gestörte Essverhalten häufig im Zusammenhang mit einer Überbewertung und Fehleinschätzung von Gewicht und Körperform vorkommt. Ganz anders als bei übergewichtigen Menschen ohne Binge-Eating-Störung.

DIE GESCHICHTE DES BINGE EATING

Ende der fünfziger Jahre gab es erste Aufzeichnungen einer übergewichtigen Personengruppe, die an wiederkehrenden, exzessiven Essanfällen litt. Doch erst neunzehnhundertvierundneunzig rückte die besagte Gruppe wieder in den Fokus der Aufmerksamkeit. Das hing damit zusammen, dass in diesem Jahr erstmalig das amerikanische Klassifikationssystem psychiatrischer Störungen (DSM-IV) die Forschungskriterien der Binge-Eating-Disorder als Beispiel für Essstörungen aufführte. Zunächst wurde die Erkrankung lediglich als Anhang unter „nicht näher bezeichnete Ess-Störungen“ hinzugefügt. Einige Zeit später erhielt sie schließlich die Zulassung für die eigenständige Diagnose und Aufführung als solche.

Die meisten Betroffenen einer Binge-Eating-Störung sind übergewichtig oder adipös – etwa neunzig Prozent – wobei das Krankheitsbild seltener auch bei Normalgewichtigen vorkommt. Heute geht die Wissenschaft von einem Zusammenspiel aus persönlichkeitsbezogenen, biologischen und soziokulturellen Faktoren als Ursache für das Auftreten der BES aus.

Nach all den Zahlen, Fakten und Daten hier noch einmal die Kennzeichen von Esssucht, kurz zusammengefasst nach der Diagnostik der „Schweizer Gesellschaft für Essstörungen“:

- Die wiederkehrenden Essanfälle sind geprägt von der exzessiven, unkontrollierten Nahrungsaufnahme in einem festen Zeitfenster, zum Beispiel eine Stunde. Es erscheint trotz Völlegefühl schwierig bis unmöglich mit dem Essen aufzuhören.
- Die Essanfälle werden von Symptomen wie besonders schnellem Essen, Ignorieren des Sättigungsgefühls, Essen trotz fehlendem Hungergefühl, dem Schamgefühl

über die konsumierte Menge des Essens und daraus resultierendem Bedürfnis allein und ohne Zuschauer zu essen, begleitet. Bedrücktheit, Gewissensbisse und Selbstekel folgen jenen Anzeichen.

- Menschen mit einer BES spüren einen unterschiedlich stark ausgeprägten Leidensdruck aufgrund ihres Essverhaltens.
- Das Auftreten der unkontrollierten Essattacken erfolgt über einen Zeitraum von drei Monaten mindestens einmal pro Woche.
- Die BES betrifft auch Menschen, die nicht bereits an Magersucht oder Bulimie erkrankt sind oder waren. Sie tritt unabhängig von ausbalancierenden Maßnahmen auf.

WIE UND WARUM ENTSTEHT BINGE EATING?

Wie bei allen Erkrankungen, gibt es auch beim Binge Eating bestimmte Risikofaktoren, die die Entstehung der Essstörung begünstigen können:

- das Ausprobieren von Diäten in der Vergangenheit,
- Vorerkrankungen wie Magersucht oder Bulimie,
- impulsive Neigungen,
- der Wunsch nach einer raschen Bedürfnisbefriedigung,
- Stress,

- psychische Vorbelastungen wie diverse Ängste oder depressive Verstimmungen,
- ein erhöhter Body-Mass-Index,
- das Unvermögen auf eine gesunde Weise mit negativen Emotionen umzugehen,
- leichte Beeinflussbarkeit durch Werbung und Medien,
- familiäre Konflikte,
- ungesundes Essverhalten in der Familie,
- eine kritische, negative Grundeinstellung zum eigenen Körper,
- Übergewicht in der Kindheit,
- ein geringes Selbstwertgefühl,
- erlebte Traumata,
- kritische Bewertungen des Essverhaltens und Gewichtes von anderen in der frühen Entwicklungsphase.

Prof. Dr. Anja Hilbert ist Professorin für Verhaltensmedizin am „Integrierten Forschungs- und Behandlungszentrum in Leipzig“ und beschreibt die Erkrankung als multifaktorielle Störung.

Das bedeutet, die Entstehung der Erkrankung lässt sich nicht auf eine einzige Ursache zurückführen, sondern auf eine Vielzahl an Faktoren, die in Wechselwirkung miteinander stehen. Dabei ist der Verlauf der Störung in den meisten Fällen durch relativ stabile Phasen, in denen die Essanfälle nur selten oder überhaupt nicht vorkommen, und instabile Phasen geprägt, in denen es zu häufigen unkontrollierten Essanfällen kommt.

In instabilen Phasen variieren die Abstände zwischen den einzelnen Essattacken oft sehr stark. Die betroffenen Frauen und Männer halten teilweise Diät, um die Nahrungsaufnahme zu kontrollieren. Gleichzeitig kommt es zum „Überessen“, also zum Essen über das Hungergefühl hinaus, auch wenn das nicht immer ein echter Essanfall ist. Das wiederum erzeugt das ständige Gefühl, sich maßregeln zu müssen und begünstigt den Kreislauf von zu geringer, einseitiger Nahrungsaufnahme in einem bestimmten Zeitfenster. Auf dieses folgt eine Essattacke, bei der die Betroffenen hinterher meist nur schwer festlegen können, wann sie angefangen hat und bei welchem Bissen sie außer Kontrolle geraten ist.

Zur Entstehung des Binge Eatings lässt sich zum jetzigen Zeitpunkt sagen, dass die moderne Forschung eine schlecht ausgeprägte Impulskontrolle bei den erkrankten Menschen als größte Ursache für die Probleme des normalen Umgangs mit Nahrung sieht. Binge Eater empfinden es als herausfordernder, den Drang des Essenwollens zu hemmen, als gesunde Personen. Sie planen, nur ein Stück Torte zum Kaffee zu essen, vertilgen letztlich drei und essen dazu noch ein paar von Tante Emmas Keksen, denn „schließlich wird sie ja nur einmal sechzig“. Diese verminderte Impulskontrolle zeigt sich auch im Gehirn der Betroffenen. Mithilfe eines MRTs lässt sich beobachten, dass bei Binge Eatern die entsprechenden Areale, die für die Impulskontrolle von Nahrungs- sowie Belohnungsreizen verantwortlich sind, deutlich unter- oder überaktiviert sind.

Das klingt nun vielleicht erst einmal niederschmetternd in deinen Ohren. Vielleicht fragst du dich, ob du für die dauerhafte Veränderung deines Verhaltens, für eine merkliche Verbesserung deiner Lebensqualität und deine Heilung jede Menge Anstrengung aufbringen und Schwierigkeiten meistern musst. Doch ich kann dich beruhigen, ganz so schlimm wird es nicht. Denn auch wenn du bestimmte begünstigende Voraussetzungen für die Entstehung einer Binge-Eating-Störung mitbringst, so sind diese für den immer gleichbleibenden, bei genauerer Betrachtung recht einfachen Mechanismus verantwortlich. Man nennt ihn auch das Reiz-Reaktion-Schema. Dieses Schema hat dich bisher zu den wiederholten Essattacken verleitet und funktioniert wie folgt:

- Es gibt einen Auslöser (Trigger) der Gewohnheit, der das Gehirn dazu veranlasst, ein bestimmtes Routinemuster anzustoßen.
- Es folgt ein psychisches, physisches oder emotionales Verhalten (Routine).
- Eine Belohnung (Reward) erfolgt, die dem Gehirn vermittelt, dass diese Routine wertvoll ist und weiterhin wiederholt werden muss.

Hast du diesen Mechanismus erst verstanden und verinnerlicht, wird dir bewusst, dass dein bisheriges Verhalten kein komplexer Prozess ist, den man nur mithilfe eines Fachmannes aufschlüsseln und verändern kann. Professionelle Unterstützung in Form von Therapien oder diversen Programmen können durchaus hilfreich bei der Heilung einer Binge-Eating-Störung sein. In vielen Fällen sind sie aber nicht unbedingt nötig.

Power-Aufgabe 1 zur Vertiefung und Verarbeitung der Theorie: Notiere jetzt zur Verinnerlichung des genannten Mechanismus zwei von dir als positiv bewertete Verhaltensweisen. Schreibe den Auslöser, das angetriggerte Verhalten sowie die Belohnung auf. Halte anschließend zwei von dir als negativ bewertete Verhaltensweisen schriftlich fest. Notiere dazu ebenfalls den Auslöser, das angetriggerte Verhalten und die erfolgte Belohnung.

Bitte schummele nicht, indem du diesen kleinen praktischen Teil überspringst. Dir werden in diesem Buch noch einige Aufgaben begegnen, die dich bei deiner Heilung unterstützen und dir wertvolle Einsichten liefern werden. Laut den aktuellsten Erkenntnissen der Neurowissenschaft lernst du deutlich schneller, wenn du nach dem Aufnehmen der Theorie eine Handlung vollziehst. So setzt du dein neues Wissen unmittelbar um. Dazu gehört auch das Protokollieren. Tu dir also selbst einen Gefallen und mach mit. Das bist du dir wert, oder?

Bei all den möglichen Ursachen und Risikofaktoren zur Entwicklung einer Binge-Eating-Störung möchte ich dir noch etwas Wichtiges mit auf den Weg geben: Obwohl es gut und hilfreich sein kann, diese zu kennen, helfen dir die meisten der genannten Einsichten nicht unbedingt dabei, etwas an deinem Verhalten zu ändern.

Es gibt im Bereich der Essstörungen noch viel für die Neurowissenschaft zu erforschen, doch im Kern gibt es nur eine einzige Sache, die dein Gehirn zum Binge Eating antreibt – der Drang dazu, das *Craving*. Klingt viel zu einfach, um wahr zu sein? Überlege mal und versetze dich in eine Situation zurück, in der du Lust hattest, richtig viel zu essen. Was ist es, das dich dazu angetrieben hat? Lässt es sich nicht am ehesten als ein Gefühl der Unruhe, Unzufriedenheit, Leere, Aufregung, des Wollens oder Drängens beschreiben?

Die Antwort darauf, die Einzige, die du bisher kennst, um diesem Gefühl etwas entgegenzusetzen, um es zu lindern und Erleichterung zu erfahren, lautet: essen, ganz viel essen. Dieser Drang, das *Craving* ist das, was dich zu deinem Verhalten antreibt. Es ist auch das, was Fingernägelkauer, Raucher, Spieler, Alkoholiker, Drogenkonsumenten oder Kaufsüchtige animiert, sich trotz besseren Wissens einen neuen Rausch zu genehmigen. Wenn du lernst, mit dieser einen Ursache für dein Binge Eating umzugehen, anders auf diesen Drang zu reagieren wie bisher, hast du bereits einen großen Teil der Strecke auf dem Weg zu deiner Genesung geschafft.

Fragen wie „Warum passiert mir das? Warum habe ich diese Essstörung?“ hast du dir vermutlich schon das eine oder andere Mal gestellt, wenn du dir Gedanken um dein Essverhalten gemacht hast. Es ist leicht, sich bei dem Versuch der Beantwortung in endlosen Argumentationen, Pro und Contra Abwägungen oder zermürbenden Analysen der Vergangenheit zu verlieren. Lass mich dir einen Rettungsring zuwerfen: Du leidest an diesen Essattacken, weil du den Drang zum Überessen entwickelt hast. Allein diese Einsicht vereinfacht das Ganze und gibt dir deine Selbstbestimmung und Kraft zurück. Denn wenn du diese Ursache anerkennst, wird dir bewusst, dass du diesen Drang erlernt hast und somit auch wieder verlernen kannst, indem du ihm nach und nach seine Macht und Kontrolle über dich entziehst. Wie das geht, wie du dein Gehirn und deine Zellen dauerhaft umprogrammieren und deine erlernten Routinen verändern kannst, erfährst du im zweiten Teil dieses Buches.

BIN ICH VON BINGE EATING BETROFFEN?

Wenn du dieses Buch liest, ist der Gedanke naheliegend, dass du dir Sorgen machst, du oder eine dir nahestehende Person könnte an der Binge-Eating-Störung leiden. Vielleicht bist du dir auch bereits sicher und hoffst nun auf eine Lösung, um Heilung zu erfahren.

Wie bereits im Einführungsteil besprochen, bekommst du diese auf den nachfolgenden Seiten an die Hand. Auch wenn du bereits davon überzeugt sein solltest, dass du an Essattacken leidest, empfehle ich dir, die Fragen in diesem Kapitel zu beantworten. Sie dienen noch einmal der Klarheit, Reflexion und genaueren Beurteilung deiner momentanen Situation. Sei bitte ehrlich, antworte spontan aus dem Bauch heraus und ohne groß über die jeweilige Frage nachzugrübeln.

Die Arbeit von Dr. Barry K. Herman, M.D., bildet zu großen Teilen die Basis für den nachfolgenden Test. Die Beantwortung der Fragen wird weniger als fünf Minuten deiner Zeit beanspruchen. Bedenke bitte, dass dieser Test keine ärztliche Diagnose ersetzt, er ist lediglich ein zusätzliches Hilfsmittel zur Selbsteinschätzung. Los gehts!

1. Es gab innerhalb der vergangenen sechs Wochen Augenblicke, in denen ich das Gefühl hatte, keine Kontrolle über mein Essverhalten zu haben.

Ja ☐
Nein ☐

2. Es gab innerhalb der vergangenen sechs Wochen Augenblicke, in denen ich sehr schnell gegessen und nicht darauf geachtet habe, dass ich mich eigentlich bereits gesättigt fühlte.

Ja ☐
Nein ☐

3. Ich habe mich innerhalb der vergangenen sechs Wochen mindestens einmal pro Woche über mein exzessives Essverhalten geärgert.

Ja ☐
Nein ☐

4. Es gab innerhalb der vergangenen sechs Wochen Augenblicke, in denen ich vergeblich probiert habe, meine Essensmengen dauerhaft zu reduzieren.

Ja ☐
Nein ☐

5. Es gab innerhalb der vergangenen sechs Wochen Augenblicke, in denen ich instinktiv und ohne Berücksichtigung der aktuellen wirtschaftlichen Situation Lebensmittel gehortet habe.

Ja ☐
Nein ☐

6. Es gab innerhalb der vergangenen sechs Wochen Augenblicke, in denen ich trotz fehlendem Hunger große Mengen an Nahrung verspeist habe.

Ja ☐
Nein ☐

7. Es gab innerhalb der vergangenen sechs Wochen Augenblicke, in denen ich leere Essensverpackungen oder angebrochenes Essen aus Scham über die Menge und/oder Art der Nahrung versteckt habe.

Ja ☐
Nein ☐

8. Es gab innerhalb der vergangenen sechs Wochen Augenblicke, in denen ich mich bewusst von anderen Menschen isoliert und allein gegessen habe, weil mir mein Essverhalten unangenehm war.

Ja ☐
Nein ☐

9. Es gab innerhalb der vergangenen sechs Wochen Augenblicke, in denen ich aufgrund meiner Essensmengen Gefühle des Ekels, der Verachtung und/oder Verurteilung mir selbst gegenüber empfunden habe.

Ja ☐
Nein ☐

10. Es gab innerhalb der vergangenen sechs Wochen Augenblicke, in denen ich mich verzweifelt und hilflos ge-

fühlt habe, weil ich das Gefühl hatte, die Essattacken nicht mehr kontrollieren zu können.

Ja ☐
Nein ☐

Auswertung: Hast du im vorangegangenen Test eine Frage mit *Ja* beantwortet, so ist dies ausreichend, um dir ernsthaft Gedanken über dein Essverhalten zu machen. Wir durchleben alle einmal besonders fordernde und stressbehaftete Zeiten im Leben, die sich negativ auf unser Essverhalten auswirken können. Ein *Ja* zu einer der obigen Fragen bedeutet, dass du im Moment anfällig für eine Binge-Eating-Störung bist, mit einiger Wahrscheinlichkeit jedoch noch nicht an einer leidest. Hast du mehr als ein *Ja* angekreuzt, ist es hingegen wahrscheinlich, dass du von der Binge-Eating-Störung betroffen bist.

Wie du inzwischen weißt, tritt Binge Eating häufig in wechselnden Zyklen auf. Wenn du also in den vergangenen sechs Wochen nach eigenem Empfinden normal gegessen hast, aber zwei oder drei Monate zuvor so, dass du die Fragen aus dem Test anders beantwortet hättest, ist es möglich, dass du dich aktuell lediglich in einer stabilen Phase befindest. Wie du bereits gelernt hast, können diese stabilen Phasen Teil einer aktiven Binge-Eating-Störung sein. Es ist also möglich, dass du trotz fehlender Essattacken an Binge Eating leidest und/oder es noch nicht vollständig überwunden hast. Hast du alle Fragen mit *Nein* beantwortet? Glückwunsch, du leidest vermutlich nicht an Binge Eating!

Nun hast du dein Ergebnis und fragst dich eventuell, ob und in welchem Ausmaß du tatsächlich etwas an deinem bisherigen Essverhalten ändern sollst. Vielleicht hast du Gedanken wie „So schlimm ist es auch wieder nicht“ oder „Ich fange lieber erst morgen statt heute an“ oder „Ich informiere mich erst mal nur und mache noch eine Weile weiter wie bisher“ oder auch

„Ich esse einfach gerne und habe mich bloß ein bisschen zu sehr in den Gedanken krank zu sein hineingesteigert".

Deshalb möchte ich dir zum Schluss dieses Kapitels noch eine letzte Frage stellen. Sie ist die wichtigste Frage überhaupt. Wenn du sie wirklich aufrichtig beantwortest, weißt du alles, was du brauchst, um von diesem Moment an das Leben zu führen, von dem du schon immer geträumt hast: **Würde es dir besser gehen, wenn du ein gesundes und glückliches Verhältnis zum Essen und deinem Körper hättest?**

WELCHE KÖRPERLICHEN, PSYCHISCHEN UND SOZIALEN FOLGEN KANN BINGE EATING HABEN?

Wie jede andere Erkrankung bringt auch die Binge-Eating-Störung eine Vielzahl an körperlichen, physischen und sozialen Folgen mit sich. Eine der häufigsten Folgen ist Übergewicht, bis hin zu Adipositas (krankhafter Fettleibigkeit), die wiederum diverse andere Krankheiten nach sich ziehen können. Zu diesen gehören:

- Herz-Kreislauf-Erkrankungen,
- Bluthochdruck,
- Schlaganfälle,
- Herzinfarkte,
- Diabetes Mellitus Typ 2,
- Gelenkerkrankungen,

- Wirbelsäulenschäden,
- Atem- und Schlafstörungen.

In besonders drastischen Fällen kann die Binge-Eating-Störung sogar zum Tod führen. Im Vergleich zu gesunden Menschen haben Binge Eater ein um den Faktor 1,5 erhöhtes Risiko frühzeitig zu sterben. Suizid ist hier mit im Bild. Auch die psychischen und seelischen Folgen einer BES können gravierende Ausmaße annehmen. Zu ihnen gehören:

- Depressionen,
- Antriebslosigkeit,
- Ablehnung des eigenen Körpers,
- Schwierigkeiten die eigenen Grenzen wahrzunehmen,
- verminderte Sensibilität des eigenen Sättigungsgefühls,
- Ängste,
- Alkohol- und Nikotinmissbrauch,
- Neurosen wie vermehrtes Duschen, Händewaschen, Putzen, Waschen, beispielsweise aufgrund des Ekelgefühls sich selbst gegenüber,
- Resignation.

Depressionen gehören zu den häufigsten Begleiterscheinungen einer Binge-Eating-Störung. Betroffene sprechen von „negativen Gedankenketten“, die in immer kürzeren Abständen auftreten. Diese bestehen aus Sätzen wie „Ich bin nicht gut genug“, „Ich bin zu nichts zu gebrauchen“, „Ich bin hässlich, eklig, nichts wert“ und „Mit anderen kann ich niemals mithalten“. Auch Angststörungen sind oft Begleiterscheinungen bei Menschen, die an Essanfällen leiden. Auf lange Sicht entsteht ein tückischer Teufelskreis, in dem die Erkrankten sich stetig weiter aus der Gesellschaft zurückziehen, zunehmend vereinsamen und aufgrund der Traurigkeit über das Alleinsein und der Scham über ihr Verhalten und Aussehen noch mehr essen. Kurzfristig fühlen sie sich durch das Essen besser, aber dann rutschen sie weiter in die Abwärtsspirale der Essstörung und Isolation.

Als Menschen sind wir soziale Wesen, die auf Verbindungen zu ihren Mitmenschen angewiesen sind. Wir brauchen einander, unsere Familie, Freunde oder andere uns nahestehende Menschen, damit wir uns wohl, sicher, geliebt und geborgen fühlen. Umgekehrt bedeutet Einsamkeit ein Mangel an sozialen Kontakten und emotionalen Bindungen, das Fehlen von liebevoller Kommunikation und echter Nähe.

Die Ökonomin und Hochschullehrerin Noreena Hertz ist, genau wie einige andere Experten auf dem Gebiet, davon überzeugt, dass Einsamkeit unserem Organismus genauso schadet, als würden wir fünfzehn Zigaretten pro Tag rauchen. Über 100 Studien aus den USA, Europa, Asien und Australien bestätigen die drastischen negativen Auswirkungen, die dauerhafte Vereinsamung auf uns hat. Die Psychologin Annegret Wolf spricht davon, dass das Bedürfnis nach sozialen Beziehungen ebenso wie Essen, Trinken und Schlafen zu unseren Grundbedürfnissen gehört. Erleben wir soziale Abweisung, werden im Gehirn die Areale angesprochen, die auch für das Wahrnehmen von Schmerz zuständig sind.

Viele Menschen mit einer Binge-Eating-Störung sind durch ihre Sucht einsam geworden. Diesen fatalen Kreislauf zu durchbrechen und sich selbst wieder mit mehr Wertschätzung und Mitgefühl zu betrachten, ist ein wichtiger Schritt im Heilungsprozess. Sie müssen lernen, den Kontakt nach außen zu suchen und ihn zuzulassen – unabhängig von der eigenen Bewertung der äußeren Erscheinung.

DEIN SOUL- UND ERNÄHRUNGSTAGEBUCH UND DIE POWER-AUFGABEN

In den nächsten Teilen des Buches werden dir immer wieder Power-Aufgaben begegnen, die du in dein Soul- und Ernährungstagebuch eintragen darfst. Damit du einen besseren Überblick hast, findest du hier eine vollständige Auflistung aller Power-Aufgaben, die sich über einen Zeitraum von fünfzehn Wochen erstrecken. Die Poweraufgaben werden dir später im Buch noch detaillierter beschrieben, als in der folgenden Auflistung. Zusätzlich findest du im Buch weitere Denkanstöße, die du ebenfalls in deinem Tagebuch festhalten kannst.

Eine Technik, die besonders hilfreich ist, um den Kopf freizubekommen und von allen unnötigen, kritischen und belastenden Gedanken zu befreien, sind die sogenannten *Morningpages,* die Morgenseiten, die auch eine große Hilfe zur Selbstreflexion sind. Beschreibe dazu jeden Morgen direkt nach dem Aufwachen mindestens zwei Seiten mit deinen spontan auftauchenden Gedanken. Ignoriere Rechtschreibung und Sinnhaftigkeit des Geschriebenen. Diese Übung zielt auf das Einchecken mit dir selbst ab, in deine Gefühls- und Gedankenwelt und darauf, deinen inneren Kritiker auf Papier zu bannen, damit er dich tagsüber bei deinen Aktivitäten nicht behindert. Schreibe möglichst mit der Hand auf Papier. Natürlich geht auch die Notizapp auf deinem Handy, aber das Halten eines Stiftes, das Gleiten der Feder über Papier erzeugt eine andere Verbindung mit dir selbst als ein elektronisches Gerät. Mehr dazu kanst du lesen bei Julia Cameron: Der Weg des Künstlers.

Beobachte genau, worüber du schreibst. Vielleicht schreibst du zehn Tage hintereinander am Morgen darüber, wie unzufrieden du mit deiner momentanen Partnerschaft bist? Oder wie wenig Lust du auf deine Arbeit hast? Die Themen der

Morgenseiten sind bedeutsame Hinweise darauf, was uns schmerzt und beschäftigt.

Oftmals haben wir uns so sehr an bestimmte Bedingungen in unserem Leben gewöhnt, dass es uns entgeht, wie unglücklich wir uns eigentlich damit in der Tiefe unseres Herzens fühlen. Die *Morningpages* unterstützen dich dabei, diese blinden Flecken sichtbar zu machen. Denn für die Heilung deiner Binge-Eating-Störung funktioniert nur ein ganzheitliches Vorgehen. Es ist wenig effektiv, deine Essattacken einzeln und als etwas Separates, von dir und deinem übrigen Leben Getrenntes zu betrachten. Du musst kein schreibbegeisterter Mensch sein, um von den *Morningpages* zu profitieren. Also nimm dir die Zeit und betrachte sie als Investment in dich selbst!

Woche 1 Power-Aufgabe: Notiere zur Verinnerlichung das Entstehen eines Verhaltensschemas am Beispiel deiner Verhaltensmuster.

Woche 2 Power-Aufgabe: Halte alles fest, was du täglich zu dir nimmst.

Woche 3 Power-Aufgabe: Schreibe die Gedanken und Gefühle in Bezug auf deinen Körper und dein Aussehen auf.

Woche 4 Power-Aufgabe: Mache dir die spezifischen Auslöser deiner Essattacken bewusst.

Woche 5 Power-Aufgabe: Lege maximal zwei Ziele fest, die du innerhalb der nächsten sieben Tage erreichen willst.

Woche 6 Power-Aufgabe: Richte deine Gedanken, Gefühle und Handlungen auf das Erreichen deines Ziels aus!

Woche 7 Power-Aufgabe: Entscheide dich für das System zum Erreichen deines Ziels und schreibe es auf.

Woche 8 Power-Aufgabe: Halte die neuen Lebensmittel fest, die du ab jetzt in deiner Ernährung integrieren wirst.

Woche 9 Power-Aufgabe: Berechne deinen Grund- und deinen Leistungsumsatz. Notiere eine Woche lang deine ungefähre tägliche Kalorienaufnahme.

Woche 10 Power-Aufgabe: Trainiere deine Wahrnehmungsfähigkeit auf deine Gefühle und körperlichen Empfindungen bezogen und schreibe diese nieder.

Woche 11 Power-Aufgabe: Notiere deine tiefen Sehnsüchte und identifiziere starke charakterliche Qualitäten anhand von Vorbildern.

Woche 12 Power-Aufgabe: Gehe auf ein Date mit dir selbst!

Woche 13 Power-Aufgabe: Halte deine neue, regelmäßige sportliche Routine fest.

Woche 14 Power-Aufgabe: Verwandle die Stimme deines inneren Kritikers oder deiner Kritikerin in die deines besten Freundes oder deiner besten Freundin.

Woche 15 Power-Aufgabe: Mache dir jeden Morgen ein Kompliment zu deinem Äußeren.

Schritt 2

DIE ERNÄHRUNGSGE-WOHNHEITEN, EMOTIONS- & STRESSMANAGEMENT ÄNDERN

Wenn du an diesem Teil des Buches angelangt bist, weißt du bereits, dass Binge Eating eine psychische Störung ist, die oft mit einem geringen Selbstwertgefühl zu tun hat. Um den Mechanismus deiner Essanfälle jedoch wirklich zu durchschauen und zu verstehen, ist eine ehrliche Selbstbeobachtung nötig. Ehrlichkeit und Reflexion gehören zu den wichtigsten Grundbausteinen, die du zum Bau deines neuen und freien Lebens benötigst. Ohne Ausflüchte ehrlich mit sich selbst und anderen zu sein, ist eine große Herausforderung. Nimm sie an, um wirklich etwas zu verändern. Nur so kannst du aus der eigenen Komfortzone heraustreten, statt immer wieder in die alten Muster zurückzufallen.

Das menschliche Gehirn ist ein Wunderwerk der Natur und vermag Außerordentliches zu vollbringen. Aber es hat auch einige Schwachstellen und ist nicht über Fehler erhaben. Daniel L. Schacter ist Psychologe an der Harvard Universität und nennt diese Mängel auch „Sünden" der Schöpfung. Zu ihnen gehören nach seinen Forschungsergebnissen Blockierung, Flüchtigkeit und Geistesabwesenheit – Mängel, die sich immer dann zeigen, wenn Erinnerungen in Vergessenheit geraten. Oftmals ist mangelnde Aufmerksamkeit die Ursache. Diese kommt besonders häufig bei automatisierten Abläufen vor, zum Beispiel beim Einräumen deines Vorratsschranks nach dem Einkaufen, beim Schmieren eines Brotes oder dem Einnehmen einer Mahlzeit.

Kannst du dich noch daran erinnern, was du vor zehn Tagen zu Mittag gegessen hast? Die meisten Menschen wüssten es nicht mehr. Immer dann, wenn das Gehirn etwas für wenig wichtig hält, sehen deine grauen Zellen davon ab, die jeweilige Information zu speichern. Aber auch die gespeicherten Eindrücke können mit der Zeit verloren gehen, wenn sie nicht oft genug abgerufen werden. Das geschieht, weil das menschliche Gedächtnis andernfalls unter einem regelrechten Informationsüberfluss kollabieren würde.

Unser Gehirn ist dazu gebaut, sich auf das Wesentliche zu fokussieren. So erfährst du Erleichterung, kannst Komplexes erschaffen, Teil einer sozialen Gesellschaft sein und am Abend angenehm erschöpft einschlafen. Doch bis heute hat die Wissenschaft nicht herausgefunden, weshalb das Gedächtnis in bestimmten Situationen das Falsche blockiert bzw. etwas vergisst, was für dich oder mich durchaus zum jeweiligen Zeitpunkt relevant wäre. Deshalb ist es so wichtig, dass du von jetzt an ein Soul- und Ernährungstagebuch führst, in das du ab diesem Moment alles hineinschreibst, was du isst.

Power-Aufgabe 2: Notiere penibel das jeweilige Datum, die Uhrzeit, den Ort deines Aufenthaltes, deine Essposition (sitzen, stehen, liegen, im Gehen ... etc.), die Art der Nahrung und wie viel du davon gegessen hast. Die Lebensmittel zu wiegen ist nicht nötig; du kannst die Kalorienmenge aufschreiben, wenn du sie weißt, dies ist jedoch zu diesem Zeitpunkt kein Muss. Notiere außerdem deine Aktivität vor dem Essen und deine aktuelle Stimmung.

Lass keinen dieser Punkte aus, denn sie sind für eine ehrliche Reflexion von großer Bedeutung. Suche dir ein für dich ansprechendes physisches Buch oder eine schön gestaltete Notizapp aus, damit dir das Führen des Tagebuches so viel Freude wie möglich macht. Wenn du das Aufschreiben einmal vergisst, trage die Essensration und die zugehörigen Daten so rasch und akkurat wie möglich nach.

Führe mindestens sieben Tage Buch, bevor du dir deine Eintragungen das erste Mal genau ansiehst. Es ist wahrscheinlich, dass dir bestimmte Muster auffallen. Gibt es eine, zwei oder drei vorherrschende Stimmungen, die deinen unkontrollierten Essanfällen besonders häufig vorausgehen? Kannst du Situationen ausmachen, in denen du nahezu immer zum Essen greifst, zum Beispiel, wenn du gerade in der Küche bist und dir eigentlich nur etwas zu trinken holen wolltest? Isst du häufig im Stehen oder Gehen? Welche Lebensmittel nutzt du vermehrt für deine Essattacken?

Halte deine Beobachtungen nach Ablauf dieser ersten sieben Tage des Protokollierens in einem ausführlichen Resümee fest. Markiere alle Binge-Eating-Vorfälle. Sieh dir anschließend die Art der Nahrung und die von dir aufgenommene Menge *zwischen* den Essattacken an. Hast du das Gefühl, in diesen Zeiten ausreichend viel und Nahrhaftes gegessen zu haben? Hand aufs Herz – hast du immer wieder versucht Diät zu halten, deine Portionen rationiert und dir selbst bestimmte Lebensmittel verboten? Sei aufrichtig und mache dir nichts vor. Beantworte auch diese Fragen schriftlich. Wenn du dir manche Nahrungsmittel nicht erlaubt hast, notiere auch diese in einer Liste.

Power-Aufgabe 3: In den nächsten sieben Tagen wiederholst du dieses Vorgehen. Hinzu kommt, dass du jetzt bei jeder gedanklichen Beschäftigung mit deinem Körper oder deinem Gewicht eine zusätzliche Markierung in dein Buch machst. Du kannst die entsprechenden Gedanken detailliert aufschreiben oder einfach nur ein rotes oder schwarzes kleines X mit der jeweiligen Uhrzeit unter dem entsprechenden Datum festhalten. Notiere außerdem die jeweilige Situation, in der die Gedanken aufgetreten sind.

Auch nach Ablauf dieser sieben Tage nimmst du dir dein Ernährungsbuch wieder zur Hand und ziehst ein Resümee. Es geht dabei nicht darum, eine Wertung zu deinem Verhalten vorzunehmen, ob du „besser“ oder „schlechter“ als in der vorherigen Woche gegessen hast, dicker oder dünner geworden bist, disziplinierter warst oder noch häufiger „versagt“ hast. Alles, worauf es zu diesem Zeitpunkt deiner Genesung ankommt, ist, dass dir mithilfe des Protokollierens deine automatischen Verhaltensmuster und Gedanken bewusst werden: Zu sehen, zu erkennen und anzunehmen gehen der Veränderung voraus.

Um deine Binge-Eating-Störung zu transformieren, musst du deine regelmäßigen, unwillkürlichen Verhaltensprozesse entmachten, indem du sie im Detail wahrnimmst und offenlegst. Anschließend ersetzt du sie durch neue, gesündere und dich zufrieden und glücklicher machende.

Viele deiner Gewohnheiten hast du dir sehr wahrscheinlich nicht bewusst ausgesucht. Das gilt auch für die Binge-Eating-Störung. Dennoch solltest du dir bewusst machen, dass Gewohnheiten im Grunde nichts Schlechtes sind. Genau wie die differenzierte Abspeicherung von Erinnerungen in deinem Gehirn erleichtern die Gewohnheiten dir das Leben. Sie sorgen für Stabilität und Sicherheit, sie geben dir Halt. Und sie haben, egal ob positiv oder negativ in ihrer Auswirkung, Macht über dein Leben.

Im ersten Teil des Buches hast du bereits vom „Reiz-Reaktion-Schema" gehört. Dieses beschreibt eine Situation, die der Auslöser für das Durchführen einer bestimmten Gewohnheit ist. Anschließend erfolgt eine Belohnung durch ein gutes Gefühl, das dem Gehirn zeigt, dass die jeweilige Gewohnheit von großem Wert ist und daher wiederholt werden sollte. Gewohnheiten werden unabhängig davon, ob sie von dir als gut oder schlecht empfunden werden, von deinem Gehirn gespeichert. Die guten Gefühle bei einer Belohnung, dem *Reward*, werden durch Glückshormone wie Dopamin oder Serotonin ausgelöst. Diese wiederum lindern negative Empfindungen wie übermäßige Anspannung, Stress, Sorgen und Traurigkeit. Sie werden als besonders intensiv und befriedigend empfunden.

Weil diese Hormone uns so gut gefallen und wir das Glücksgefühl immer wieder erleben wollen, bedarf es einer großen Portion Aufmerksamkeit und die Bereitschaft im Namen der Veränderung auch Unangenehmes auszuhalten, um schädliche Gewohnheiten wie Binge Eating ein für alle Mal abzulegen. Gemäß einer zwölfwöchigen Studie vom European Journal of Social Psychology dauert es genau sechsundsechzig Tage, bis eine neue Gewohnheit zu einer automatischen Verhaltensweise wird. Das sind rund zwei Monate. Eine durchaus überschaubare Zeit oder nicht?

Power-Aufgabe 4: Es folgen die nächsten sieben Tage in deinem Ernährungstagebuch, in denen du nun aufgefordert bist, alle Daten wie im ersten und zweiten Siebentageblock zu notieren.

Hebe ab jetzt in diesem neuen Zeitfenster nach jedem Essanfall den Auslöser (Trigger) noch einmal gesondert hervor, zum Beispiel durch eine Markierung oder durch zusätzliche Stichpunkte, in denen du noch einmal näher auf ihn eingehst. Dieses Hervorheben unterstützt deine Fähigkeit, deine Trigger für den übermäßigen Essensdrang wahrzunehmen.

Durch diese Bewusstwerdung schaffst du mit der Zeit eine Lücke zwischen dem Auslöser und der Routine des Binge Eatings. Diese zeitliche Diskrepanz ist alles, was du brauchst, um nicht automatisch in dein bisher verinnerlichtes Verhalten zurückzufallen. Du wirst merken, dass sie tatsächlich ausreicht, um eine neue, lebensverändernde Entscheidung zu treffen. Wie du das bewerkstelligen sollst? Immer mit der Ruhe – auch das lernst du im Folgenden!

Nachdem du mit vollem Eifer und Elan auch diese sieben Tage hinter dich gebracht hast, ist es wieder einmal Zeit für das ausführliche Resümee. Gehe vor wie bisher. Danach geht es ans Eingemachte!

DIE RICHTIGEN ZIELE SETZEN

„Die meisten Menschen überschätzen das, was man in einem Jahr schaffen kann, und unterschätzen, was man in zehn Jahren erreichen kann", hat Bill Gates einmal gesagt. Bevor du jetzt in Panik verfällst: Dein Binge Eating für immer abzulegen wird keine zehn Jahre in Anspruch nehmen, nicht einmal ein ganzes oder halbes. Dieses Zitat soll dich lediglich daran erinnern, wie wichtig es ist, sich realistische Ziele zu setzen. Schreibe also bitte nach dem Resümee des dritten Siebentageblocks in dein Ernährungstagebuch: „Meine Ziele müssen umsetzbar, d. h. realistisch erreichbar und konkret sein."

Dass Realisierbarkeit und Genauigkeit maßgeblich für das Erreichen von Zielen sind, belegten Forscher von der University of Pennsylvania. Es juckt mich in den Fingern, dir an diesem Punkt des Buches Ziele vorzugeben, von denen ich glaube, sie würden dich großartig auf deinem Weg der Heilung unterstützen. Doch die Studie hat ebenfalls belegt, dass die Studienteilnehmer deutlich erfolgreicher im Erreichen ihrer Ziele waren, wenn sie sich diese eigenständig aussuchen durften, statt sie diktiert zu bekommen. Daher halte ich mich nun zurück und übergebe dir das Ruder.

Power-Aufgabe 5: Schreibe jetzt ein bis maximal zwei Ziele auf, die du innerhalb der nächsten sieben Tage erreichen möchtest. Ein Fernziel hast du mit dem Kauf dieses Buches ja bereits: Du möchtest dein Binge Eating stoppen. Dein Ziel oder deine Ziele für die nächsten sieben Tage sind im Vergleich damit Nahziele.

Bedenke bei der Festlegung dieser Ziele, dass du dich dabei auf etwas fokussierst, das du tatsächlich in der Hand hast und selbst steuern kannst. Nicht dazu gehören würde zum Beispiel die Zahl auf deiner Waage, die du morgens angezeigt bekommst, denn die kannst du nicht kontrollieren.

Im Gegensatz dazu hast du zum Beispiel die volle Kontrolle darüber, welche Lebensmittel du vor dem Einkaufen auf deinem Einkaufszettel notierst oder darüber, dir überhaupt erst einen zu schreiben oder nicht. Wenn du nicht gerade an einem Essanfall leidest, kannst du außerdem bewusst entscheiden, welche Nahrungsmittel du dir in den Mund steckst und welche nicht. Einige realistische, konkrete Ziele für die kommenden sieben Tage wären zum Beispiel:

- Die Hälfte von allen Mahlzeiten, die ich verspeise, besteht aus Gemüse.
- Ich sage mir jeden Morgen nach dem Aufwachen, dass ich mich liebe und wunderschön finde. Unabhängig davon, ob ich dies wirklich so empfinde oder nicht – ich tue es einfach!
- Ich trinke vor jeder Mahlzeit ein großes Glas Wasser.
- Ich frage mich vor jeder Mahlzeit, ob diese mich seelisch und körperlich nähren wird.
- Wenn ich in den Spiegel sehe, lächle ich und entdecke mindestens eine Sache, die ich an mir und meinem Körper mag.

Power-Aufgabe 6: Wiederhole die Power-Aufgaben der bisherigen Siebentageszyklen, mit dem Unterschied, dass du dich nun zusätzlich auf das Erreichen deines Zieles für die aktuellen sieben Tage konzentrierst. Ein kleiner Hack: Stell dir einen Alarm in deinem Handy, der dich ein- bis dreimal täglich an das Erreichen deines Zieles erinnert.

Nun zum Hauptteil dieses Kapitels: Die dauerhafte Veränderung deiner Ernährungsgewohnheiten. Aber du willst doch bloß mit dem Binge Eating aufhören! Warum musst du dazu deine Ernährungsgewohnheiten verändern? Die sind doch gar nicht das Problem!

Moment mal … oder vielleicht doch?

Wie war das noch gleich? Es gibt nicht die eine Ursache als Auslöser der psychischen Erkrankung bei dir, sehr wohl aber bestimmte Faktoren? Ganz genau! Dazu gehören in erster Linie Diäten oder rationiertes Essen. Das Bedürfnis, eine bestimmte Diät auszuprobieren, entspringt in den allermeisten Fällen dem Wunsch nach einer Gewichtsreduktion. Es gibt Diäten, die funktionieren gut, andere weniger gut. Fast alle haben jedoch eines gemeinsam: Sie sind einseitig und basieren auf einem Kaloriendefizit.

Kein Mensch der Welt schafft es, ein Leben lang Diät zu halten. Gehörst du zu den Personen, denen es bisher immer schwergefallen ist, sich für einen bestimmten Zeitraum an eine vorgeschriebene Diät zu halten? Damit bist du nicht allein und das hat auch einen Grund, denn dein Körper ist nicht dazu ausgelegt, sich auf Dauer statt mit einer vollwertigen Mahlzeit mit einem chemisch hergestellten Nahrungsersatzdrink zufriedenzustellen!

Es soll sie ja geben, die Menschen, die jede noch so abstruse und gefährliche Diät durchhalten und dabei Unmengen an Gewicht in kurzer Zeit verlieren. Aber gegen unsere menschlichen Grundbedürfnisse kommen wir nur für eine begrenzte Zeitspanne an, ehe wir ihnen nachgeben. Das erklärt auch, weshalb hungernde Frauen, Männer oder Kinder irgendwann dazu übergehen, sogar verdorbene Lebensmittel oder Unverdauliches wie ihre Schuhe zu essen, nur um diesem fürchterlich nagenden Gefühl in ihrem Magen zu entgehen. Wenn dein Körper also aufgrund von Diäten und oder zu geringen Nahrungsrationen unter Nährstoffmangel leidet, ist es sehr wahrscheinlich, dass er sich erst recht durch Fressattacken bemerkbar macht.

Die Steinzeit, in der unsere Vorfahren manchmal Tage lang nichts zu essen hatten, hat unsere Gene darauf programmiert, in Zeiten des Hungers vor allen Dingen nach besonders kalorienreichen Lebensmitteln Ausschau zu halten. Erkennst du das Dilemma?

Wenn du deinen Körper durch eine zu geringe und nicht ausreichend mit Vitaminen und Mineralstoffen ausgestattete Ernährung dauerhaft auf Sparflamme setzt, will er das ausgleichen. Wiederkehrende Essattacken und der Wunsch nach besonders fettigen, salzigen, süßen, hochkalorischen Lebensmitteln sind die Folge.

Aber was ist dann mit den an Magersucht Erkrankten? Wie schaffen sie es, nahezu nichts zu essen, ohne dabei von ständigen Essanfällen geplagt zu werden? Sind sie einfach willensstärker?

Tatsächlich gibt es viele Personen, bei denen sich die Magersucht später in eine Bulimie (Ess-Brechsucht) umwandelt. Bulimie ist genau wie Binge Eating von unkontrolliertem Essen in riesigen Mengen gekennzeichnet, gefolgt von Erbrechen, der Einnahme von Abführmitteln oder exzessivem Sport. Es gibt Betroffene, denen nur durch eine Zwangsernährung mittels einer Bauch- oder Nasensonde das Leben gerettet werden kann, damit sie nicht an Unterernährung jämmerlich zugrunde gehen. Warum diese Personen es schaffen, ihren Essensdrang größtenteils zu unterdrücken, ist unklar. Vielleicht kennst auch du den einen oder anderen Menschen, der sich stets ungesund ernährt und dennoch schlank bleibt. So sehr sich diese verschiedenen Essstörungen auch voneinander unterscheiden, zwei Dinge haben sie gemeinsam: Den Wunsch nach Kontrolle und einem bestimmten Erscheinungsbild.

Es liegt mir sehr am Herzen, dass du nicht zu denjenigen gehörst, die von einer Essstörung in die andere rutschen, weil sie plötzlich die Idee haben, diese andere könnte „besser für sie funktionieren". Das Ziel dieses Buches ist es, Binge Eating erfolgreich zu überwinden, so dass du keine Essstörung brauchst, um dauerhaft dein Gewicht zu halten. Auch wirst du nicht mehr den Drang danach verspüren, ein durch die Ernährung ausgelöstes Gefühl der Kontrolle in deinem Leben anzustreben. Wenn du aus diesem Kapitel nur eine Sache mitnehmen könntest, wäre es mein Wunsch, dass es diese ist: Diäten und Essstörungen funktionieren niemals auf Dauer, das Einzige, das funktioniert, ist eine vollständige Ernährungsumstellung.

Für eine Vielzahl der Binge Eater klingt dieser Satz wie eine Drohung, sie dürften nie wieder so richtig schlemmen und das Leben genießen. Lass mich dich von diesem Irrglauben befreien: Das ist absoluter Quatsch! Im Gegenteil: Wenn du das Fünf-Schritte-Programm erst einmal vollständig durchlaufen hast, wirst du das Essen und vor allen Dingen dein Leben umso mehr genießen.

Merke: Ziele sind wichtig. Ziele zu setzen bedeutet: nach etwas zu streben. Gäbe es nichts im Leben, wonach du strebst, wäre es ziemlich langweilig. Als Menschen möchten wir uns verwirklichen, uns ausdrücken, wachsen, besser werden, etwas Neues lernen und bestimmte Vorhaben realisieren. Dabei ist es hilfreich, diese Ziele zu notieren, sie festzuhalten, mit anderen darüber zu sprechen, sie zu visualisieren. Du kannst dir auch ein Vision Board anlegen. Das ist eine echte oder digitale Collage, auf der du all deine Ziele in Schrift und mit verschiedenen Bildern festhältst. Dabei sollten die Bilder das, was du dir wünschst und das entsprechende Gefühl durch ein Symbol und bestimmte Farben ausdrücken.

Doch nur mit einem Ziel allein wirst du wahrscheinlich nicht weit kommen. Der Prozess, das System, mit dem du es erreichen willst, ist mindestens so wichtig. Ich selbst habe mehr als zehn Jahre damit zugebracht, mir immer wieder mein Ziel, endlich meine Ess-Brechsucht zu überwinden, auszumalen und vorzunehmen. Der Erfolg stellte sich jedoch nicht ein. Zeitweise war ich am Rande der Verzweiflung und mir sicher, dass ich einfach nicht willensstark genug bin. Heute liegt für mich auf der Hand, weshalb ich mich nicht eher heilen konnte: Ich hatte zwar ein klares Ziel vor Augen, aber kein funktionierendes System, das mich dort hinbringt.

Das System ist das, was du Tag für Tag machst. Es beschreibt deine Routine, deinen Prozess, mit dem du dein Vorhaben umsetzt. Nur wenn das System an dein Ziel angepasst ist, wirst du Erfolg haben. Der Gedanke, endlich der Erfüllung seines lang gehegten Traumes nahe zu sein, ist berauschend.

Das Umsetzen von neuen Gewohnheiten kann am Anfang anstrengend, ermüdend und langweilig erscheinen. Besonders, wenn die Veränderung noch auf sich warten lässt. Dranzubleiben erfordert Beharrlichkeit – besonders in unserer heutigen Gesellschaft, in der wir an schnelle Belohnungen gewohnt sind. Aber das Dranbleiben, das Fortführen eines bestimmten Prozesses, ist letztlich dein Erfolgsgarant. Mit der 5-Schritte-Methode bekommst du den Plan für deine Heilung an die Hand. Dieses System umzusetzen, liegt nun ganz bei dir. Eines kann ich dir schon jetzt versichern: Es lohnt sich, einen langen Atem zu haben!

WIE GESUNDE ERNÄHRUNGSGEWOHNHEITEN GEGEN HEISSHUNGERATTACKEN HELFEN

Gesunde Ernährungsgewohnheiten sind bei der Überwindung der Binge-Eating-Störung extrem hilfreich. Warum sie den Heilungsprozess so stark positiv beeinflussen und erleichtern können, möchte ich dir anhand von zwei Hauptgründen erklären.

Zum einen können ungesunde Mahlzeiten (zum Beispiel mit viel Zucker) deinen Blutzuckerspiegel in die Höhe treiben, was dich wiederum anfälliger für Heißhunger macht. Dieser Heißhunger erhöht, vor allem in instabilen Phasen, das Risiko einer Essattacke. Gesunde Mahlzeiten hingegen, mit viel Gemüse und Ballaststoffen, halten dich meist viel länger satt. Sie verringern den Heißhunger und dadurch auch das Risiko, einer Essattacke zu verfallen.

Außerdem enthalten Junkfood und stark verarbeitete Lebensmittel meist viele „leere" Kalorien. Diese sorgen für ein nur sehr kurzes Sättigungsgefühl, welches die Essattacken bei dauerhaft schlechter Ernährung weiterhin begünstigt.

Zum anderen führen schlechte Ernährungsgewohnheiten oftmals zu Übergewicht. Dadurch entspringt, wie bereits beschrieben, häufig der Wunsch nach einer Gewichtsreduktion mithilfe von Diäten. Daraus wiederum kann eine Mangelernährung entstehen, die den Körper vermehrt zu Essattacken verführt.

Merke: Gesunde Ernährungsgewohnheiten sind für deine Heilung sehr wichtig.

Das heißt im Umkehrschluss aber nicht, dass gesunde Ernährungsgewohnheiten allein die Essattacken beenden können. Wenn du dich also bereits gesund ernährst, aber dennoch an der Binge-Eating-Störung leidest, heißt das immerhin, dass du einen Teil des hier beschriebenen Weges zur Heilung bereits gegangen bist.

Sollten in deinem Alltag ungesunde Mahlzeiten und Junkfood zur überwiegenden Essgewohnheit gehören, dann ist das nachfolgende Kapitel für dich erst recht sehr interessant und wichtig.

WARUM EINE ERNÄHRUNGSUMSTELLUNG SO WERTVOLL IST

Es ist ganz einfach: Eine Ernährungsumstellung ist nachhaltig. Nachhaltig bedeutet in diesem Zusammenhang, dass du etwas dauerhaft, Zeit deines Lebens machen kannst, ohne deinem Organismus dabei zu schaden oder vom Kurs in Richtung deines Idealgewichts abzukommen. Und das Beste daran: Hast du deine Ernährung einmal umgestellt, musst du nie wieder Diät halten!

Eine der größten Ängste von Menschen ist bei dieser Aussicht, dass sie von nun an einen weiten Bogen um ihre Lieblingslebensmittel machen müssen. Auch dabei handelt es sich um einen Trugschluss. Du darfst und sollst dir sogar ab und an die Chips, die Schokolade, den Burger, das Eis oder das Glas Fruchtschorle gönnen. Auch solche Ausnahmen sind Bestandteil einer gesunden und nachhaltigen Ernährung. Wir sind als Menschen nicht auf dieser Welt, um perfekt zu sein. Das bezieht sich nicht nur auf die Ernährung, sondern auf alle Bereiche des Lebens. Von jeder Regel gibt es Ausnahmen und was dabei zählt, ist, dass du im Anschluss wieder in die Spur zurückfindest.

Du kannst es dir im Moment womöglich noch nicht vorstellen, aber wenn dein Körper wohl genährt und mit allen für ihn essenziellen Vitaminen, Mineralstoffen und Kalorien versorgt ist, wird es dir leichtfallen, nach ein oder zwei Knusperriegeln die restliche Tüte wegzulegen und aufzubewahren.

Wie bei dem Festlegen deiner Ziele ist es auch bei der Umstellung deiner Ernährung wichtig, dass du die Entscheidung für deine zukünftige Ernährungsform allein und aus freien Stücken triffst.

Vielleicht kennst du dich schon gut mit Mikro- und Makronährstoffen aus, weißt Bescheid über den täglichen Eiweiß-, Fett- und Kohlenhydrateverbrauch deines Körpers und auch Ballast- und Mineralstoffe sind für dich keine Fremdwörter. Es gibt viele Menschen, die in der Theorie wissen, was gut für sie und ihren Körper wäre, aber nicht danach handeln. Egal, ob du schon belesen oder ein Neuling bist, wenn es um das Thema Ernährung geht, passe jetzt gut auf. Durch Wiederholen lernen wir und so eine kleine Wissensauffrischung hat noch niemandem geschadet. Also lehn dich zurück, schnapp dir eine Tasse heißen oder kalten Tee und widme den nächsten Abschnitten dieses Buches weiterhin deine volle Aufmerksamkeit. Und keine Sorge, dein nächster Siebentagesblock folgt noch. Aber vorher machen wir dich fit im Bereich der Nährstoffe!

WAS SIND EIGENTLICH MAKRO UND MIKRONÄHRSTOFFE?

Zu den Makronährstoffen gehören Kohlenhydrate, Eiweiße (auch Proteine genannt) und Fette. Sie werden von deinem Organismus vor allen Dingen für die Stoffwechselprozesse benötigt. Dazu gehören zum Beispiel die Atmung, die Zellteilung und die Verdauung. Jeder der verschiedenen Nährstoffe hat dabei bestimmte Aufgaben, die unabdingbar für deine Vitalität sind.

PROTEINE, FETTE & KOHLENHYDRATE

Die World Health Organisation empfiehlt 0,83 g Protein pro Kilogramm Körpergewicht am Tag. Die Deutsche Gesellschaft für Ernährung (DEG) empfiehlt 57 g bis 67 g Protein pro Tag.

Michael Gregor, Arzt, Trophologe und Gründer der wissenschaftsbasierten Nonprofit-Organisation Nutritionfacts, an der sich zahlreiche Ärzte und Wissenschaftler beteiligen, spricht von einer Menge von 42 g Protein pro Tag. Er ist der Ansicht, dass mindestens 70 Prozent der Amerikaner mehr Protein zu sich nehmen, als sie brauchen. Dies kann unter anderem zu einem deutlich erhöhten Risiko von Herzkreislauferkrankungen, Nierenerkrankungen, Leberproblemen, Darmkrebs und Osteoporose führen. Insbesondere dann, wenn das Protein tierischen Ursprungs ist. Tierisches Protein übersäuert den Körper und führt dazu, dass Kalzium aus den Knochen gelöst wird. Pflanzliche Proteine aus Hülsenfrüchten wie Bohnen, aus Getreide, Nüssen und Samen und aus Gemüse sind frei von diesem Effekt.

Bereits in den frühen zwanziger Jahren fand man heraus, dass der Konsum von tierischen, säurebildenden Produkten zu einer vermehrten Ausscheidung von Kalzium über den Urin führt. Das liegt daran, dass der Körper die Säurebildung durch Kalzium ausgleicht. Dieses gewinnt er aus den Knochen. Daher ist es wenig erstaunlich, dass die Länder mit hohem Milchkonsum, wie zum Beispiel die Vereinigten Staaten, Schweden und England, auch eine hohe Zahl an Osteoporose-Erkrankten aufweisen.

In sechsundzwanzig Studien ließ sich belegen, dass der Körper eines Menschen beim Verzehr von 40 g tierischem Protein mindestens 50 mg Kalzium aus den eigenen Knochen löst, das anschließend über den Urin den Körper verlässt. Zur besseren Veranschaulichung: Insgesamt hast du als erwachsene Person etwa ein Kilo Kalzium in deinen Knochen, wenn du also täglich etwa 50 mg verlierst, bedeutet dies einen jährlich 2-prozentigen Kalziumverlust!

Ein interessantes Gedankenspiel zum Wachstums-, Zell- und Muskelaufbau: Niemals wieder in unserem Leben wachsen wir Menschen so viel und schnell in einem kurzen Zeitraum wie als Babys. Hast du gewusst, dass ein Baby sich in seiner Größe und dem Gewicht innerhalb der ersten fünf Monate verdoppelt und nach einem Jahr sogar verdreifacht? Besonders interessant ist hierbei, dass die Natur als ideale Nahrung für Babys in diesem Alter die gute alte Muttermilch vorgesehen hat. Sie besteht aus Millionen von lebenden Zellen, Proteinen, Kohlenhydraten, langkettigen Fetten, Vitaminen, Mineralstoffen, Antikörpern und Hormonen.

Der Anteil der Proteine in der Muttermilch beträgt gerade einmal 0,8 bis 0,9 Prozent, der Anteil der Kohlenhydrate 7,2 Prozent. Deshalb schmeckt die Muttermilch leicht süßlich; dies ist eine gute Einstimmung auf den Verzehr von Früchten und stärkehaltigen Erzeugnissen. Der Anteil der Fette ist 3 bis 5 Prozent – kein Wunder, dass Babys und Kleinkinder so niedlich-speckig sind. Babys brauchen wegen ihres großen, auf viel Energie angewiesenen Gehirns eine ausgeprägte Fettschicht. Menschliche Babys gehören damit zu den dicksten Neugeborenen und übertrumpfen mit ihren Speckröllchen sogar Wassertiere, deren Fettschichten hauptsächlich als Isolation gegen Kälte dienen. In Gramm ausgedrückt weisen 100 Gramm Muttermilch etwa 4 Gramm Fett, 1 Gramm Protein und 7 Gramm Kohlenhydrate auf. Der Großteil der Muttermilch besteht allerdings aus Wasser.

Nach der Empfehlung der WHO und der DEG sollte die Menge Fett für einen ausgewachsenen Menschen 30 Prozent von der täglich aufgenommenen Kalorienmenge nicht übersteigen. Doch dass diese 30 Prozent nicht überschritten werden sollten, heißt nicht, dass sie eine *gesunde* Menge darstellen. Erinnerst du dich daran, dass moderates Weintrinken noch vor nicht allzu langer Zeit als gesundheitsfördernd angepriesen wurde? Inzwischen hat die WHO bekannt gegeben, dass es keine gesunde Menge des Alkoholverzehrs gibt, da er immer schädlich ist. Es kommt immer wieder vor, dass frühere Aussagen revidiert werden und wenn es um Gesundheitsfragen und Empfehlungen geht, kann es sich lohnen, nach unabhängigen Studien zu recherchieren.

Eine fettreiche Ernährung, besonders wenn es sich dabei um tierische Fette handelt, steht in engem Zusammenhang mit Bluthochdruck, der wiederum verantwortlich für diverse Herzkreislauferkrankungen und Diabetes Typ 2 sowie schlechten Cholesterinwerten ist.

Vielleicht weißt du bereits, dass nicht der Zucker ursächlich für die Entstehung von Diabetes Typ 2 ist, sondern das Übermaß an Fett in den Zellen. Es verschließt die Zellwände und verhindert so, dass der Zucker hineingelangen kann, weshalb er im Blut verbleibt.

Auch emotionale Instabilität, Depressionen, Ängste, Erschöpfung und Dauermüdigkeit können Folge einer zu fettreichen Ernährung sein. Ein erhöhter Fettkonsum spielt außerdem eine kritische Rolle bei der Entwicklung und dem Voranschreiten verschiedener Autoimmunerkrankungen wie zum Beispiel der Multiplen Sklerose. Eine an Mäusen durchgeführte und von Ralf Linker von der Friedrich-Alexander-Universität und Aiden Haghika von der Ruhr-Universität geleitete Studie belegte, dass besonders gesättigte Fettsäuren entzündungsfördernd auf den menschlichen Organismus wirken und so die Entstehung von Autoimmunerkrankungen begünstigen.

Gesättigte Fettsäuren findet man in allen tierischen Fetten wie zum Beispiel in Milch, Eiern, Fleisch, Käse, aber auch in verarbeiteten pflanzlichen Fetten wie Kokosnussfett oder Palmöl. Palmöl, genau wie tierische Fette findet man in einem Großteil unserer verarbeiteten Lebensmittel.

Die Ergebnisse der in der New York Times veröffentlichten, groß angelegten „China Study" zum täglichen Fettkonsum sind: Maximal 20 Prozent der aufgenommen gesunden Kalorienmenge pro Tag sollte aus Fett bestehen, besser wären 10 bis 15 Prozent. Die renommierte Harvard University empfiehlt in ihren eigens durchgeführten Studien, dass nicht mehr als 8 Prozent der täglichen Kalorienaufnahme aus gesättigten Fettsäuren bestehen sollte. Bedenke, dass auch dies bereits das Maximum darstellt.

Zurzeit sind wohl die bekanntesten und beliebtesten, auf die Verteilung der Makronährstoffe ausgelegten Ernährungsformen die High-Carb-Bewegung und die Low-Carb-Bewegung. High-Carb meint, dass der Großteil der Nahrung und somit die Energie für deinen Körper aus Kohlenhydraten besteht. Low-Carb bedeutet, dass überwiegend fettreiches Essen verspeist wird, der Körper seine Energie also hauptsächlich aus Fetten bezieht.

Kohlenhydrate kann der Körper aus drei Quellen beziehen: aus Zucker, Stärke und Ballaststoffen. Lebensmittel wie Obst,

Kartoffeln, Hülsenfrüchte und auch Gemüse gehören zu den vollwertigen, unverarbeiteten, langkettigen Kohlenhydraten. Sie enthalten außerdem wichtige Vitamine, Enzyme und Mineralstoffe für deinen Körper, Wasser, zum Teil Stärke und Ballaststoffe.

Fast alle verarbeiteten Lebensmittel wie zum Beispiel Zucker, Süßigkeiten, Fruchtsäfte, Nudeln, Brot, Brötchen, Kuchen oder Pizza zählen zu den einfachen, kurzkettigen Kohlenhydraten. Sie haben in der Regel deutlich mehr Kalorien als vollwertige Kohlenhydrate, aber viel weniger Vitamine, Enzyme und Mineralstoffe. Zum Vergleich: Ein Fitnessriegel hat im Durchschnitt pro 100 Gramm etwa 394 Kalorien. Wenn du schon einmal einen gegessen hast, weißt du, wie rasch er verspeist ist. Der Appetit auf einen zweiten lässt meist nicht lange auf sich warten. Fiele deine Wahl hingegen auf eine Möhre als Snack, müsstest du zwanzigmal so viel essen, um bei ihren mickrigen 41 Kalorien pro 100 Gramm auf die gleiche aufgenommene Kalorienmenge von zwei Fitnessriegeln zu kommen. Dazu kommt, dass Möhren viele Ballaststoffe enthalten, so dass ihr Verzehr dich länger satt macht – Ballaststoffe haben noch weitere tolle Vorteile, dazu in Kürze mehr.

Wenn kohlenhydratreiche Lebensmittel stark erhitzt werden, bildet sich ab einer Temperatur von 120 Grad Acrylamid. Dieser Stoff ist der chemischen Gruppe der Amide zugehörig und krebserregend. Auch Faktoren wie die Erhitzungsdauer, der Wassergehalt des Lebensmittels sowie die Lagerbedingungen spielen bei der Entstehung des Giftes eine Rolle.

Besonders hohe Acrylamidmengen weisen Bratkartoffeln, Chips, Pommes, Kroketten, Zwieback, Toast- und Knäckebrot, geröstete Frühstückscerealien und Nüsse, Kekse, Kräcker, Kuchen, Gebäck und Kaffee auf. In diesen Lebensmitteln findet sich Stärke, die nichts anderes als ein komplexer Zucker ist. Außerdem taucht auch die Aminosäure Aspargin in ihnen auf. Diese Zusammensetzung führt in Kombination mit einer hohen Erhitzung zur Bildung von Acrylamid. Dies ist ein weiterer

Grund, sich mit möglichst unverarbeiteten Lebensmitteln zu ernähren und weitestgehend auf Frittieren und langes, auf hohe Temperatur eingestelltes Braten oder Kochen zu verzichten.

Es versteht sich von selbst, dass deine Körperzellen sich über einen leckeren, saftigen Apfel freuen. Schließlich kommt dieser neben der schmackhaften, energiegebenden Süße noch mit wichtigen Mineral- und Ballaststoffen, Vitaminen, Enzymen und dem am besten gefilterten Wasser überhaupt daher. Ein Stück Schokolade hingegen löst in deinem Gehirn durch die perfekt von Lebensmittelchemikern ausgeklügelte Zusammensetzung aus Zucker, Fett und anderen Inhaltsstoffen einen regelrechten Dopaminkick aus. Du willst mehr davon! Aber deine Zellen, Zähne, dein Magen- und Darmbiom sind alles andere als begeistert.

Dies bedeutet nicht, dass du nie wieder ein Stück Schokolade essen sollst! Aber es ist wichtig zu wissen, welche Nahrung deine Zellen tatsächlich nährt und gesund hält – und welche nur ab und zu etwas für dein seelisches Wohlbefinden ist und nicht als eine deiner Hauptkalorienquellen dienen sollte.

Kommen wir noch einmal zu den Fetten zurück. Die High Society unter ihnen bilden die kaltgepressten Öle. Das Besondere an ihnen ist, dass sie im Gegensatz zu raffinierten Ölen ohne Wärmebehandlung auskommen. Durch dieses schonende Verarbeiten bleiben mehr Vitamine, essenzielle Fettsäuren und Geschmacksstoffe enthalten. Darüber hinaus gelten Öle als magen- und darmschonend.

Allerdings weisen sie auch eine hohe Kaloriendichte auf: 100 Gramm Öl enthält 884 Kalorien, ein einziger Esslöffel macht 121 Kalorien aus. Das ist so viel wie eine ganze Banane und mal ehrlich – verwendest du nicht meistens mehr als nur einen einzigen Löffel? Dazu kommen die Kalorien der eigentlichen Mahlzeit, für die du das Öl nutzt, sodass ein eigentlich gesunder und kalorienarmer Salat ein viel größerer Posten deiner täglichen Kalorienzufuhr ist, als ursprünglich angenommen und geplant.

Dein Körper liebt möglichst Unverarbeitetes in seiner natürlichen Form. Wie wäre es also, demnächst die Oliven, die Leinsamen, die Erdnüsse, die Sesamkörner oder die Sonnenblumenkerne einfach pur zu essen? Oder sie auf andere raffinierte Weise mit deinen Gerichten zu kombinieren, beispielsweise kleingehackt oder zu Pulver püriert? Auch zum Braten mit Fett gibt es Alternativen: Hast du es schon einmal mit kohlensäuerehaltigem Mineralwasser statt Öl probiert? Wenn du eine beschichtete Pfanne benutzt, funktioniert das wunderbar – du wirst erstaunt sein! Außerdem könntest du öfter mal den Backofen statt die Pfanne benutzen, um Öl einzusparen.

Frische Avocado eignet sich als gesunder Streichfettersatz. Auch aus Sesam hergestelltes Tahini oder Mandelmus können eine weniger schädliche Fettalternative im Vergleich zu Kokosfett oder Palmfett sein. Allerdings sind sie durch die Verarbeitung und das Haltbarmachen von ihrem Gesundheitsgehalt nicht mit dem Verzehr von ganzen Sesamkörnern oder Mandeln zu vergleichen. Du könntest natürlich dein eigenes Nuss- oder Samenmus herstellen und es frisch verzehren.

Vielleicht probierst du einige Tipps aus diesem Kapitel aus und schaust, ob du dich mit der Zeit daran gewöhnst. Im besten Fall kannst du sie dir nach einiger Zeit gar nicht mehr wegdenken.

Wichtig für die passende Ernährungsform für dich ist, dass sie gesund ist, dir Energie und Leistungsfähigkeit schenkt, deiner Figur ohne Hungern gut tut und dir schmeckt. Ratsam wäre es, vor deiner Umstellung einmal ein großes Blutbild sowie die aktuellen Werte deiner Vitamine und Mineralstoffe bei einem Arzt zu erfragen und diese nach etwa drei Monaten erneut zu überprüfen. Durch diese Auswertungen kannst du sicherstellen, dass das, was du tust, nicht nur in deinem Kopf funktioniert.

Es folgt nun ein Crashkurs zu allen wichtigen Lebensmittelbestandteilen! Wenn du magst, kannst du anschließend noch selbst weiter recherchieren, um dein Wissen über eine gesunde, energieliefernde und nachhaltige Ernährung zu vertiefen und zu erweitern:

Mineralstoffe sind für deinen Organismus lebensnotwendig. Sie gehören zu den Nährstoffen, die der Körper nicht eigenständig zu bilden vermag. Deshalb müssen sie mit der Nahrung oder Nahrungsergänzungsmitteln aufgenommen werden. Merke: Nahrungsergänzungsmittel sind kein Ersatz für eine ausgewogene Ernährung.

Mineralstoffe lassen sich in zwei Gruppen unterteilen: **Mengenelemente** und **Spurenelemente**. Mengenelemente sind im Körper meist in recht großer Anzahl vorhanden. Zu ihnen gehören Mineralstoffe wie Kalzium, Natrium, Magnesium, Kalium oder Phosphor.

Kalzium: Von diesem Mineralstoff hast du am meisten im Körper. Er findet sich vor allem in deinen Knochen und dem Skelett. Darüber hinaus ist er unabdingbar für die Übertragung von Reizen zwischen Muskeln und Nerven. Ebenso benötigen deine Haut und deine Zähne eine ausreichende Kalziumversorgung. Leidest du an einem Kalziummangel, äußert sich dieser in Müdigkeit, einer hohen Blutungsneigung, Muskelkrämpfen, Herzrhythmusstörungen, Rachitis oder Osteoporose.

In diesen Lebensmitteln ist viel Kalzium enthalten: Nüsse, Vollkornprodukte, Spinat, Sesam, Brokkoli, Bananen. Auch tierische Lebensmittel wie Hartkäse, Milch und Milchprodukte enthalten Kalzium, führen jedoch bei Aufnahme zu dem oben genannten Problem. Außerdem begünstigt ein übermäßiger Konsum von tierischem Kalzium die Entstehung von Nierensteinen. Für eine ausreichende Kalziumversorgung ist außerdem ein guter Vitamin-D-Status wichtig. Vitamin D erhältst du vor allen Dingen durch Sonnenschein.

Phosphorsäure, die in Softgetränken, Milchpulver, Sportgetränken, Kaffeeweißer, Sahneerzeugnissen und Milcherzeugnissen enthalten ist – Abkürzung E338 – und Oxalsäure, die in hohen Mengen in schwarzem Tee, Sauerampfer, Kakao, Rote

Bete, Mangold und Rhabarber enthalten ist, verringert die Aufnahme von Kalzium.

Natrium: Zusammen mit Kalium ist Natrium für die Regelung des Wasserhaushalts im Körper verantwortlich. Auch für den Herzrhythmus, für die Muskelarbeit und die Übertragung von Nervenimpulsen wird es benötigt. Ein Natriummangel kommt äußerst selten vor, eigentlich nur bei unausgewogenen Diäten, übermäßigem Schwitzen oder Durchfällen. Folgen davon können Übelkeit, Erbrechen, Schwindel, Blutdruckabfall, Herzrasen und Apathie sein. Natrium ist in der Form von Natrium-Chlorid in salzhaltigen Lebensmitteln enthalten. Verarbeitete Lebensmittel weisen oftmals schwindelerregende Mengen davon auf, so dass es leicht zu einer Überdosierung kommen kann. Folgen davon sind Gewichtszunahme, Nierenschäden, ein verändertes Mikrobiom im Darm, Bluthochdruck, ein erhöhtes Risiko für die Entstehung von Herzkreislauferkrankungen und bestimmten Autoimmunerkrankungen.

Um deinen Körper ausreichend mit Natrium zu versorgen, kannst du den Salzstreuer auch ganz in die hinterste Ecke deines Küchenschranks verbannen. Denn Gemüse, allen voran Sellerie, Mangold, Artischocken, Spinat, Rote Bete, Karotten, Süßkartoffeln und Fenchelknollen enthalten ebenfalls viel Natrium. Sogar in Honigmelonen kommt das Mengenelement vor!

Eine salzarme Ernährung kann in den ersten drei, vier Tagen ungewohnt sein. Anschließend gewöhnen sich deine Geschmacksnerven jedoch an die Umstellung und das Essen schmeckt wieder. Wenn du Kochsalz benutzt, empfehle ich dir Steinsalz oder Himalayasalz. In vielen anderen Salzen befinden sich unnötige Zusätze, wie Rieselhilfen, die in deinem Körper nichts zu suchen haben. Die empfohlene Tagesmenge beträgt laut DEG maximal 6 Gramm für einen erwachsenen Menschen. Die WHO empfiehlt maximal 5 Gramm. Genau wie bei der maximalen Protein- oder Fettmenge pro Tag bedeuten diese Angaben nicht, dass du die Menge auf jeden Fall ausreizen solltest. Weniger ist mehr, zumindest wenn es sich bei deinen

Natriumlieferanten nicht um frisches Gemüse handelt! Besonders viel Natrium-Chlorid ist übrigens im Brot enthalten.

Kalium: Für das Gleichgewicht deines Säure-Basen-Haushaltes und die Regulation deines Blutdrucks benötigt dein Körper Kalium. Der Mengenmineralstoff spielt außerdem eine wichtige Rolle bei der Funktion deiner Nerven, der Unterstützung einiger Enzyme und der Aufrechterhaltung der Gewebespannung. Zu wenig Kalium im Körper kann zu Herzrhythmusstörungen, niedrigem Blutdruck, Kopfschmerzen, Krämpfen, Stimmungsschwankungen, Darmträgheit, Muskelschwäche und Durchfällen führen. Kalium kommt vermehrt in frischem Obst vor, besonders in Bananen. Des Weiteren ist es in Pilzen, Kartoffeln, Hülsenfrüchten und Trockenobst enthalten.

Magnesium ist wichtig für deine körperliche Leistungsfähigkeit. Es fördert das Zusammenspiel von Muskeln und Nerven, unterstützt die Muskelkontraktion und aktiviert nebenbei zahlreiche Enzyme. Es befindet sich hauptsächlich in deinen Knochen und stellt den Antagonist für Kalzium dar. Wenn du einen Magnesiummangel hast, reagiert dein Körper darauf mit Durchblutungsstörungen, Bluthochdruck, Herzerkrankungen, Depressionen, Nervosität, Leistungs- und Muskelschwäche und eine verminderte Stressresistenz. Besonders viel Magnesium enthalten Kartoffeln, Obst, Nüsse, grünes Gemüse, Vollkorngetreide, Mineralwasser, Leber, Geflügel und Fisch.

Phosphor: Für die einwandfreie Energieversorgung deiner Zellen sorgt Phosphor. Es bildet gemeinsam mit Kalzium einen wesentlichen Bestandteil deiner Zähne und Knochen.

Spurenelemente benötigt dein Körper nur in sehr geringen Mengen (Spuren). Das macht sie jedoch nicht weniger wichtig – im Gegenteil, denn auch sie sind lebensnotwendig! Zu ihnen zählen: Chrom, Eisen, Fluor, Jod, Kupfer, Selen und Zink.

Chrom ist für den Zuckerstoffwechsel notwendig. Durch die verbesserte Aufnahme von Glucose trägt er zur Stabilisierung des Blutzuckers bei und hat nebenbei außerdem noch eine positive Wirkung auf den Cholesterinspiegel. Deine Schilddrüse ist ebenfalls auf das Spurenelement Chrom angewiesen, um ordnungsgemäß funktionieren zu können. Wenn du zu wenig davon aufnimmst, kann außerdem dein Nervensystem Schaden nehmen. Chrom kommt vermehrt in Obst, Gemüse und Vollkornprodukten vor, besonders in Pilzen, Kartoffeln und Spargel ist es reichlich enthalten.

Fluor härtet den Zahnschmelz, ist also ein Schutz vor Karies, und sorgt für festere Knochen. Es kommt unter anderem in Walnüssen, Spinat, Getreide, Petersilie, schwarzem Tee, Meersalz und Fisch vor. Wenn du zu wenig Fluor aufnimmst, erhöht sich dein Kariesrisiko.

Eisen: Der rote Blutfarbstoff in deinem Körper (Hämoglobin) besteht unter anderem aus Eisen. Das Spurenelement ist wichtig für den Sauerstofftransport im Blut und seine Speicherung in Leber, Milz und im Knochenmark; bei Bedarf wird es dort jeweils freigesetzt und gelangt von dort aus zu den Organen, Muskeln und dem Gewebe. Auch dein Immunsystem ist für eine reibungslose Funktion auf eine gesicherte Eisenzufuhr angewiesen. Ist dies nicht gewährleistet, kommt es vermehrt zu Infektionen, Müdigkeit, Kopfschmerzen, rauer, blasser Haut, brüchigem Haar und eingerissenen Mundwinkeln. Grünes Blattgemüse, Hülsenfrüchte und Innereien sind gute Eisenlieferanten.

Jod: Die antioxidative Funktion von Jod hat einen äußerst positiven Einfluss auf das Immunsystem, Arteriosklerose und Gefäßerkrankungen. Die Schilddrüse ist auf Jod angewiesen, da das Spurenelement ein wichtiger Bestandteil der Schilddrüsenhormone ist, die für den Stoffwechsel gebraucht werden. Dazu gehört zum Beispiel der Energiestoffwechsel, die Knochenbildung und das Wachstum. Ein Jodmangel kann unter anderem Ängste, Unruhe, Schlafstörungen, Antriebslosigkeit, gesteigerte Kälteempfindlichkeit, Verdauungsprobleme, und Gewichtszunahme auslösen. Algen wie Nori, Wakame und Dulse sind gute Jodlieferanten, ebenso wie Fisch, jodiertes Speisesalz, Radieschen, Milch und Milchprodukte, Grünkohl, Pilze und Erdnüsse.

Auch **Kupfer** leistet einen wichtigen Beitrag zur Bildung deines Blutes. Darüber hinaus wirkt es günstig auf das Immunsystem ein und trägt zur Energiegewinnung bei. Ein Mangel an Kupfer hemmt die Aufnahme von Eisen, führt zu Störungen des Nervensystems, blasser Haut und Gewichts- sowie Appetitverlust. Besonders viel Kupfer ist in Nüssen, Kakao und Fisch enthalten.

Damit dein Körper sich in ausreichendem Maße von Giftstoffen befreien kann, benötigt er **Selen.** Dein Herz, deine Leber und dein Immunsystem sind bei ihrer Arbeit ebenfalls auf das Spurenelement angewiesen. Fehlt dir die angemessene Menge Selen, ist die Gefahr hoch, dass dein Herz oder deine Gefäße erkranken. Allerdings solltest du beachten, dass eine Überdosierung von Selen giftig ist, weshalb Selen enthaltende Nahrungsergänzungsmittel vom Arzt verschrieben werden müssen. Paranüsse, Steinpilze, Kokosnüsse, Weizenkleie, Naturreis, Mungbohnen, Sojabohnen, Pistazien und Seefische sind gute Selenlieferanten.

Zink ist für seine antivirale Wirkung und die Verbesserung der Schleimhautstruktur bekannt. Eine gesunde Schleimhaut erschwert es Viren und Bakterien, sich festzusetzen und einzudringen. Es stärkt das Immunsystem und ist Teil der Funktion von mehr als dreihundert Enzymen, die für den Zellstoffwechsel benötigt werden. Zu wenig Zink in deinem Körper kann Auslöser für eine Störung bei der Geruchswahrnehmung und des Geschmackssinns sein. Außerdem kann es zu einer verlangsamten und schlechter ausgeprägten Anpassungsfähigkeit deiner Augen bei Dunkelheit führen. Trockene Haut, häufige Infektionen und sogar ein erhöhtes Risiko an entzündlichen Darmerkrankungen, Diabetes oder Multipler Sklerose zu erkranken, kann die Folge einer Zinkunterversorgung sein. Damit du immer genügend Zink im Körper hast, bietet es sich besonders an, die nachfolgenden Lebensmittel in deinen Speiseplan zu integrieren: Paranüsse, Haferflocken, Weizenkleie, Kürbiskerne, Sonnenblumenkerne, Cashewnüsse, Tahini, Sesam, Heflocken, Käse, Innereien und Eier.

Vitamine zählen zu den essenziellen Nährstoffen. Sie liefern dem Körper zwar keine Energie, werden jedoch für lebensnotwendige Funktionen benötigt. Sie müssen größtenteils mit der Nahrung aufgenommen werden, da der Körper sie mit wenigen Ausnahmen nicht selbst herstellen kann. Bist du gesund, so kann dein Körper Vitamin D, B12 und Vitamin K in kleinen Mengen bilden. Meist sind diese jedoch nicht ausreichend für die adäquate Versorgung. Man unterscheidet zwischen fett- und wasserlöslichen Vitaminen.

Zu den **fettlöslichen Vitaminen** gehören Vitamin A, Vitamin D, Vitamin E und Vitamin K. Ihre Aufnahme erfolgt über den Darm. Sie ist besonders erfolgreich, wenn du zusammen mit den genannten Vitaminen Fett konsumierst. Im Gegensatz zu wasserlöslichen Vitaminen werden fettlösliche Vitamine im Körper gespeichert. So kommt es, dass sie sich in deinen Zellen anreichern, wenn du sie in großen Mengen zu dir nimmst.

Fettlösliche Vitamine sorgen für eine bessere Wundheilung, für die Gesunderhaltung der Schleimhäute sowie die Stärkung der Knochen und Zähne. Kurz gesagt: Sie schützen die Körperzellen vor der Zerstörung. Die vom Körper dafür benötigten Mengen sind ähnlich wie bei den wasserlöslichen Vitaminen gering.

Vitamin A, auch Retinol genannt, benötigt der Körper hauptsächlich für das Sehen und die Augen. Es unterstützt die Anpassung der Augen, wenn es dunkler wird und dämmert und ist auch für das farbliche Sehen von großer Bedeutung. Vitamin A taucht im Sehfarbstoff in der Netzhaut und den Sinneszellen auf. Es sorgt außerdem für die Ankurbelung der Spermienproduktion und hilft bei der Embryoentwicklung. Zusätzlich sorgt es für vitale Haut und Schleimhäute. Tatsächlich kann der Körper Beta-Carotin aus Pflanzen, zum Beispiel aus Möhren, Süßkartoffeln, Kürbissen, Kakis, Aprikosen, Mangos, Birnen, Sanddorn, Papayas, Pfirsichen etc., Vitamin A herstellen.

Vitamin C, ist viel mehr als ein bloßes Hilfsmittel, wenn du mal einen Schnupfen oder Husten hast. Es schützt deinen Körper, indem es freie Radikale unschädlich macht und dein Bindegewebe kontinuierlich aufbaut. Überdies unterstützt es die Aufnahme von Eisen in deinem Darm und ist ferner ein Teil der Hormonbildung. Kleiner Tipp: Es hilft dir nicht nur, wenn du bereits krank bist und schnell wieder gesund werden willst; ein guter Vitamin-C-Haushalt wirkt nämlich auch vorbeugend, was Erkältungen und Infekte angeht. Das Vitamin findest du unter anderem in Zitrusfrüchten, schwarzen Johannisbeeren, Acerolakirschen, Kiwis, Sanddorn, Petersilie, Paprika, Tomaten, Bärlauch, Brokkoli, Spinat (roh), als auch in Rosen- und Grünkohl. Du solltest jedoch wissen, dass Vitamin C empfindlich auf Hitze reagiert, weshalb du das Gemüse möglichst kurz andünsten solltest, um den wertvollen Nährstoff nicht zu zerstören. Daneben reagiert Vitamin C auf Sauerstoff, weshalb du die Lagerzeit deiner Lebensmittel im Blick haben solltest, auch wenn du sie im Kühlschrank aufbewahrst. Wenn du dir einen Smoothie zubereitest, püriere ihn nicht zu lange. Vitamin-C-Zusätze in Nahrungsmitteln machen diese nicht unbedingt gesünder, da sich das beste und hochwertigste Vitamin C in frischen und unverarbeiteten Lebensmitteln befindet. Wenn du schwanger bist oder rauchst, benötigt dein Organismus mehr Vitamin C.

Besonders deine Knochen und Zähne sind auf eine ausreichende **Vitamin-D**-Zufuhr (Calciferol) angewiesen. Aus dem vorherigen Teil dieses Buches weißt du bereits, dass dein Organismus Vitamin D braucht, um das Kalzium aus der Nahrung aufzunehmen. Genau wie bei vielen anderen Nährstoffen gibt es auch bei Vitamin D für die Wissenschaft noch einiges zu entdecken. Nach aktuellem Stand weiß man zumindest, dass Vitamin D ältere Menschen vor häufigen Knochenbrüchen und einem frühzeitigen Tod bewahrt. Anders als die meisten übrigen Vitamine nimmt dein Körper Vitamin D nicht ausschließlich über die Ernährung auf. Wusstest du, dass deine Zellen ungefähr achtzig bis neunzig Prozent des benötigten Vitamin D eigenständig in der Haut herstellen? Dies funktioniert jedoch nur mit genügend Sonnenlicht! Die Menge des gebildeten Vitamins ist abhängig davon, wie lange die Sonnenbestrahlung erfolgt ist, wie groß die Fläche der bestrahlten Haut ist und wie hell oder dunkel der Hauttyp ist. Bekannt ist, dass Menschen mit dunklerer Hautfarbe weniger Vitamin D bilden als Menschen mit hellerer. Aber wie soll man in einem Land wie Deutschland, in dem es einen Großteil des Jahres über bewölkt und regnerisch ist, im Hinblick auf die Vitamin-D-Versorgung gesund bleiben?

Ganz einfach! Da die Wellenlänge und die UVB-Strahlung für das Vitamin entscheidend ist, kannst du deinen jährlichen Bedarf theoretisch in den Sommermonaten abdecken. Theoretisch deshalb, weil dafür bestimmte Faktoren gegeben sein müssen: Du solltest mindestens ein Viertel deiner Körperfläche (zum Beispiel dein Gesicht, Hände, Unterarme, Schienbeine und Unterschenkel) mittags zwischen zwölf und fünfzehn Uhr dem Sonnenlicht aussetzen. Diese Flächen sollten dabei weder von Kleidung oder von Sonnenschutz bedeckt sein, da diese die Vitamin-D-Bildung verhindert. Wenn gerade Hochsommer ist, können auch bis zu fünfzehn Minuten ausreichen. Allerdings solltest du stets darauf achten, keinen Sonnenbrand zu bekommen. In den Nicht-Sommerzeiten, ist aufgrund der schwächeren Strahlung eine längere Sonnenzeit ratsam.

Auch Lebensmittel, die viel Vitamin D enthalten, wie zum Beispiel Pfifferlinge, Champignons, Avocados, Hering, Makrele, Lachs, Fischöl oder Eigelb reichen nicht für die vollständige Versorgung aus. Daher empfiehlt die Deutsche Gesellschaft für Ernährung, für Menschen die ihren Vitamin D Bedarf nicht über die Sonne ausreichend decken können, die Einnahme eines Vitamin D Präparates. Wie vor jeder Einnahme von Nahrungsergänzungsmitteln ist es ratsam, zuvor erst einmal deine

Werte überprüfen zu lassen. Nachdem du das jeweilige Präparat einige Zeit, zum Beispiel drei, vier Monate lang genommen hast, solltest du erneut schauen, inwieweit sich der Spiegel des Vitamins oder Mineralstoffes verbessert hat. Bitte recherchiere gut und kaufe Nahrungsergänzungsmittel von vertrauenswürdigen Herstellern, in hochwertiger Qualität und ohne unnötige Zusätze.

Vitamin E (Tocopherol) ist für den Schutz und die Stärkung deines Immunsystems verantwortlich. Wenn du dich gut um deine Vitamin-E-Versorgung kümmern möchtest, empfehle ich dir den Verzehr von verschiedenen Nüssen, besonders Haselnüssen, Avocados und Weizenkeimen.

Für einen guten Knochenstoffwechsel und die Blutgerinnung benötigt dein Organismus **Vitamin K.** Hast du nicht genügend Vitamin K, bekommst du leichter blaue Flecken und Blutungen treten allgemein häufiger auf und brauchen deutlich länger zum Gerinnen. Besonders viel Vitamin K ist in Sauerkraut, Blumen-, Rosen-, Rot- und Grünkohl enthalten. Auch Spinat, Schnittlauch und Getreideerzeugnisse enthalten viel Vitamin K.

Wasserlösliche Vitamine können nur bedingt im Körper gespeichert werden. Meist werden sie rasch über die Nieren ausgeschieden. Du musst sie also regelmäßig verzehren, damit du immer ausreichend mit ihnen versorgt bist. Aufgenommen werden sie über den Dünndarm. Zu ihnen gehören alle B-Vitamine und Vitamin C. Wasserlösliche Vitamine sind für die Haut, das Bindegewebe und die Nerven wichtig. Außerdem helfen sie dem Immunsystem bei der Entgiftung und sind ein unverzichtbarer Motor des Stoffwechsels. Ohne wasserlösliche Vitamine könnte dein Körper deine DNA nicht vollständig regulieren. Sie beeinflussen dein Energielevel, deinen Schlaf, dein Aussehen, dein Herzkreislaufsystem, das Nervensystem und auch Schwangerschaften.

Mithilfe von **Vitamin B1** (Thiamin) zieht dein Körper die Energie aus den aufgenommenen Kohlenhydraten aus den Nahrungsmitteln, so dass anschließend die Muskulatur und das

Nervensystem damit versorgt werden können. Auch die einwandfreie Umwandlung von Kohlenhydraten in Fette ist von Vitamin B1 abhängig. Hinzu kommt die Beteiligung an der Erregungsübertragung zwischen Nerven und Muskeln. Wie alle wasserlöslichen Vitamine muss auch Vitamin B1 jeden Tag mit der Nahrung aufgenommen werden. Dieser eng getaktete Nachschub ist nötig, weil dein Körper das Vitamin nur in sehr geringer Dosis in den Zellen speichern kann. Vitamin B1 kommt in großen Mengen in Hülsenfrüchten, Getreidekörnern, Vollkornerzeugnissen und Bierhefe vor. Wenn du mit Letzterem planst, deinen Vitamin-B1-Haushalt zu sichern, greife auf Alkoholfreies zurück. Alkoholhaltiges Bier sorgt aufgrund des Alkohols dafür, dass deinem Körper wichtige Vitamine und Mineralstoffe entzogen werden.

Auch **Vitamin B2** (Ribovlavin) ist unerlässlich für einen funktionierenden Stoffwechsel. Mit der Hilfe dieses Vitamins gewinnt dein Körper Energie aus Kohlenhydraten, Proteinen und Fetten. Pilze, Nüsse, Champignons, Avocados, Erbsen, Spinat, Vollkornprodukte, Seelachs, Makrelen, Camembert, Bergkäse und Emmentaler enthalten unter anderem viel Vitamin B2.

Wie einige der bereits genannten Vitamine ist **Vitamin B3** (Niacin) ebenfalls Mitwirkender bei diversen Stoffwechselvorgängen. Dazu gehört auch die Produktion von Fettsäuren. Vitamin B3 gibt es in zwei unterschiedlichen Formen: Zum einen wäre da die Nicotinsäure, zum anderen Nicotinamid. Dein Körper ist so klug, dass er aus diesen beiden Stoffen den jeweils anderen umwandeln kann. Pflanzliche Lebensmittel, die viel Vitamin B3 enthalten, sind Erdnüsse, Mungobohnen, Cashews, Hülsenfrüchte, Datteln, Pilze und Trockenfrüchte. Das Vitamin häuft sich des Weiteren in Fleisch, Milch und Milchprodukten.

Für den Eiweißstoffwechsel in deinen Zellen und für deine Abwehrkräfte ist **Vitamin B6** (Pyrdoxin) unverzichtbar. Zu den Aufgaben des Vitamins gehört zum Beispiel die Beteiligung an der Neubildung von Glucose und dem Abbau von Eiweißbausteinen. Auch am Fettstoffwechsel ist das Vitamin beteiligt. Auf diese Weise trägt es zum Muskelaufbau bei und ist nebenbei noch ein essenzieller Botenstoff für dein Gehirn. Vitamin B6 findest du vermehrt in Getreideerzeugnissen, Kartoffeln, Hülsenfrüchten, Weizenkleie, Kohl, Spinat, Feldsalat, Tomaten, Bananen und Fisch.

Vitamin B7 (Biotin) brauchen deine Zellen zur Verstoffwechselung von Aminosäuren, Fetten und Kohlenhydraten. Das Vitamin ist zusätzlich wichtig für deine Haut und deine Haare. Haferflocken, Nüsse, Erdnüsse, Hefe, Champignons, Karotten, Soja, Spinat, Tomaten, Naturreis, Milch und gekochte Eier enthalten viel Vitamin B7. Falls du Medikamente gegen epileptische Anfälle oder Antibiotika einnimmst, könnte sich dein Vitamin-B7-Bedarf erhöhen. Falls du an einer Darmerkrankung leidest, brauchst du womöglich ebenfalls mehr Biotin.

Vitamin B12 (Cobalamin oder Cyanocobalamin) ist für die Bildung von roten Blutkörperchen wichtig. Es zählt zu den körpereigenen Eiweißstoffen, genauer gesagt zu den Coenzymen – als solche bezeichnet man Teile anderer Enzyme, die an der Steuerung der Reaktionen im Organismus beteiligt sind. Vitamin B12 unterstützt die Zellteilung und die Zelldifferenzierung, die Synthetisierung und Modifizierung der DNA und wirkt bei einer Vielzahl von Stoffwechselvorgängen mit. Dein Gehirn und dein Nervensystem sind ebenfalls auf das Vitamin angewiesen – Vitamin B12 schützt diese und unterstützt deren Funktion.

Wie schon angemerkt, wird Vitamin B12 in geringen Mengen vom Körper gebildet. Wichtig zu wissen ist außerdem, dass es verschiedene Vitamin-B12-Sorten gibt. Das Vitamin B12 in Algen oder Pilzen ist beispielsweise ein Analogon, das Menschen wohl nicht aufnehmen können.

Solltest du einen Vitamin-B12-Mangel haben, so wirst du diesen wahrscheinlich einige Jahre lang überhaupt nicht bemerken, weil deine Zellen das Vitamin speichern. Ein deutliches Anzeichen für einen Vitamin-B12-Mangel bei einer Blutuntersuchung kann ein erhöhter Homocysteinwert sein. Homocystein ist eine Aminosäure, die wichtig für die Bildung von Proteinen und Kreatin ist. Ein Mangel der Aminosäure erhöht das Risiko, an verkalkten Arterien, Herzkreislauferkrankungen, Thrombosen oder Demenz zu erkranken. Neben einem Vitamin-B12-Mangel können auch besonders methodinreiche Lebensmittel wie Fleisch oder auch das Rauchen und das Einnehmen von Medikamenten zu einem erhöhten Homocysteinspiegel führen. Neben der Einnahme von Vitamin-B12-Präperaten können Vitamin-B6-reiche Lebensmittel (na, weißt du noch, welche das waren?) und Folsäure den Homocysteinspiegel senken.

Auch die **Folsäure** gehört zu der Gruppe der B-Vitamine! Sie ist wichtig für die Teilung der Zellen, die Bildung des Blutes und für Wachstumsvorgänge. Hin und wieder wird Folsäure auch Vitamin B9, Vitamin B11 oder Vitamin M genannt. Der Name des Vitamins leitet sich aus dem Lateinischen ab und heißt im Deutschen „Blatt“. Das kommt daher, dass es vorwiegend in Blattgemüse wie Spinat oder Feldsalat vorkommt. Kichererbsen, Grünkohl, Weizenkeime, Linsen, Tomaten, Vollkornerzeugnisse, Sprossen, Orangen, Nüsse, Kartoffeln und Leber enthalten ebenso viel Folsäure.

Ballaststoffe werden dir auf deiner Reise zu einer gesunden Ernährung und deinem Wohlfühlgewicht sehr viel Freude bereiten! Ballaststoffe bestehen zu großen Teilen aus Fasern, also langen, geschmacksneutralen Zuckerketten und Quellstoffen, die nicht verdaut werden. So, wie sie sind, landen sie in deinem Dickdarm. Dort beugen sie der Entstehung von Hämorrhoiden vor und fördern die Verdauung. Das ist aber noch längst nicht alles, was Ballaststoffe können! Eine Vielzahl an Studien hat gezeigt, dass Ballaststoffe das Risiko von Herzkreislauferkrankungen, Bluthochdruck und Diabetes drastisch senken. Außerdem minimieren sie die Gefahr, übergewichtig zu werden oder zu bleiben. Pflanzen sind ballaststoffreiche Lebensmittel. Das Unglaubliche: Ballaststoffe haben keine Kalorien! Dennoch machen sie lange satt, sorgen für eine gesunde Darmschleimhaut und tragen auch noch zur Stärkung deiner Abwehrkräfte bei. Richtig gehört, Ballaststoffe sind genau wie Vitamine und Mineralstoffe ein wahres Wunderwerk der Natur!

Man unterscheidet zwischen **unlöslichen Ballaststoffen** und **löslichen Ballaststoffen.**

Unlösliche Ballaststoffe (Cellulose und Lignin) meint Quellstoffe, die mit aufgenommener Flüssigkeit in deinem Magen aufquellen und dich so für lange Zeit satt machen. Sie sind die Putzer in deinem Darm, denn sie verstehen es wie kein anderer Stoff, den Prozess des Stuhlgangs zu beschleunigen und den Kot zu lockern. Allein ihnen hast du es zu verdanken, dass du nicht an unangenehmen und schmerzhaften Erkrankungen wie Divertikulitis, Verstopfung oder an den zuvor genannten Hämorrhoiden leidest.

Lösliche Ballaststoffe (zum Beispiel Inulin, Pektin, Oligofruktose und andere Präbiotika) bezeichnet man auch als das Futter für die Bakterien in deinem Darm. Mikroorganismen wie die Bifidobakterien sorgen für die Ernährung deines Darms, unterstützen die Verwertung von Lebensmitteln und stellen die wichtigen kurzkettigen Fettsäuren her. Dein Fett- und Zuckerstoffwechsel sowie dein Immun- und Nervensystem werden auf positive Weise von löslichen Ballaststoffen beeinflusst. Hafer und Gerste sind besonders für Diabetiker geeignet, da sie spitze Blutzuckerverläufe und Insulinresistenzen hemmen.

Deine Ballaststoffzufuhr sicherst du, indem du viel Obst und Gemüse zu dir nimmst. Auch eine Handvoll Nüsse erfüllt neben ihrer Eigenschaft als wunderbare Quelle für Fette und Eiweiße diesen Zweck. Pilze, Hülsenfrüchte, Vollkorngetreide, Weizen- und Haferkleie sind ebenfalls tolle Ballaststofflieferanten! Achte unbedingt darauf, dass du ausreichend trinkst, da sich nur so die volle Wirkung einer ballaststoffreichen Ernährung entfaltet. Andernfalls erlebst du statt des gewollten quellenden Effekts eher Magenschmerzen, bis hin zur Verstopfung. Falls du bisher wenig Ballaststoffe zu dir genommen hast, fang langsam an und erhöhe deine Ration nach und nach, damit sich dein Körper daran gewöhnen kann. Mach dir keine Sorgen, wenn du anfangs vermehrt unter Blähungen leidest. Das ist zwar nicht gerade angenehm, gibt sich aber mit der Zeit. Kaue deine Nahrung gut und denke daran, dich jeden Tag zu bewegen – und damit meine ich nicht den Weg von der Couch zum Kühlschrank und wieder zurück! Bewegung ist sogar so wichtig, dass sie ein ganzes Kapitel in diesem Buch bekommt. Ein wenig musst du dich aber noch gedulden, denn bis dahin gibt es noch einiges andere für dich zu lernen.

Achtung: Ballaststoffe können die Aufnahme von bestimmten Medikamenten im Darm verzögern. Sorge daher für einen zeitlichen Abstand von zwei Stunden zwischen der Medikamenteneinnahme und dem Verzehr deiner Nahrung.

Enzyme: Ist die Rede von Enzymen, dann sind damit komplexe Eiweißmoleküle gemeint. Sie sorgen für schnellere biochemische Reaktionen und werden daher auch oft Biokatalysator genannt. Ohne Enzyme als Antreiber für die besagten Stoffwechselprozesse wärst du buchstäblich nicht lebensfähig. Sie spalten große Nahrungsmoleküle in kleinere auf, sodass diese von den Zielzellen aufgenommen werden können. Sie unterstützen also bei der Aufnahme von Kohlenhydraten, Fetten, Eiweißen und Pflanzenfasern und sind Teil von allen in deinem Körper stattfindenden chemischen Prozessen. Selbst Vitamine, Mineralstoffe oder Hormone könnten ohne Enzyme nicht wirken und arbeiten. Dein Immunsystem und selbst das einwandfreie Funktionieren deiner fünf Sinne, ist von Enzymen abhängig.

Heute weiß man, dass dem Menschen Verdauungsenzyme beim Schwitzen und Altern abhandenkommen. Die moderne Lebensweise ist der Enzymproduktion ebenso wenig zuträglich – Fast Food, wenig Bewegung, Strahlungen durchs Handy – kann Auslöser für eine rasante Alterung sein, verursacht durch die vermehrten Angriffe von freien Radikalen.

Es gibt drei Hauptenzymarten: Die **Verdauungsenzyme,** die **Nahrungs- und Pflanzenenzyme** und die **Stoffwechselenzyme.**

Verdauungsenzyme spalten die Nahrung in Moleküle auf. Sie werden von deinen Speicheldrüsen, deinem Magen, deiner Bauchspeicheldrüse und deinem Dünndarm freigesetzt.

Nahrungsenzyme sind in rohen, frischen und unverarbeiteten Lebensmitteln wie Obst und Gemüse enthalten. Erhitzt du diese über 42 Grad, gehen diese Enzyme zugrunde und werden unwiderruflich zerstört. Deshalb ist Rohkost so gesund. Die Nahrungsenzyme funktionieren genau wie die Verdauungsenzyme.

In deinem gesamten Körper befinden sich **Stoffwechselenzyme**, d. h. in all deinen Organen, deinen Knochen, deinem Blut und in jeder noch so winzigen Zelle. Logisch, dass sie dein Organismus in großen Mengen braucht, oder? Wenn diese Enzyme fehlen, können weder dein Gehirn, dein Herz, deine Lunge, deine Niere oder deine anderen Organe funktionieren.

Merke: Wenn du bereits viel rohes Obst und Gemüse isst, darf ich dir gratulieren. Weiter so! Denn Rohkost enthält bereits natürliche Enzyme, die deinem Körper die Verdauung erleichtern. Sobald jedoch deine Nahrung auf eine Temperatur von über 42 Grad erhitzt wird, werden jene Enzyme abgetötet und können deine Zellen somit nicht mehr unterstützen. Sie sind dann inaktiv und wertlos für die Aufspaltung des Essens in die verschiedenen Einzelteile. Sofern du nicht genügend enzymhaltige Nahrung zu dir nimmst, muss dein Körper die Verdauungsenzyme also selbst herstellen. Dieser Prozess erfordert sehr viel Energie.

In ihrem Buch THE HEALING POWER OF ENZYMES schreibt Dr. DicQie Fuller, dass etwa achtzig Prozent der vom Körper zur Verfügung gestellten Energie für die Verdauung benötigt wird! Außerdem nimmt die Fähigkeit des Körpers, Enzyme selbst herzustellen, mit dem Alter rapide ab. Bei Stress, dem Leben in besonders kalten oder warmen Gegenden, häufigen Flugreisen oder Erschöpfung brauchen die Zellen sogar noch mehr Enzyme. Krankheiten lassen sich unter anderem auch auf einen Mangel oder ein Ungleichgewicht von Enzymen zurückführen. Sie sind lebensnotwendig und so viel wichtiger, als die meisten Menschen bisher annehmen.

Das **Coenzym Q10** benötigt dein Körper, um Energie in den Körperzellen verfügbar zu machen. Es kommt vor allen Dingen in deinem Herz, deiner Lunge, deinen Nieren und deiner Leber vor – alles Organe, die besonders viel Energie brauchen. Darüber hinaus wird das Coenzym jedoch auch in allen anderen lebendigen Zellen gebraucht und hergestellt. Es hat also einen massiven Einfluss auf das Herz-Kreislauf-System. Außerdem senkt es den Cholesterinspiegel, unterstützt den Energiestoffwechsel, beschleunigt die Muskelregeneration und unterstützt die Heilung verschiedener Krankheiten. Dazu zählen unter anderem Diabetes Mellitus, Bluthochdruck, Krebs, männliche Fertilitätsstörungen, Migräne, Morbus Parkinson und Parodontose.

Vielleicht hast du das Coenzym schon einmal als Zusatz auf verschiedenen Hautprodukten gesehen. Das liegt daran, dass Q10 aufgrund seiner stark antioxidativen Wirkung auch als Verjüngungsenzym gilt, das der Organismus mit zunehmendem Alter immer weniger zu produzieren vermag. Kleine Teile des Coenzyms können durch die Nahrung aufgenommen werden. Es ist beispielsweise in Nüssen, Samen, Zwiebeln, Mais, Babyspinat, Brokkoli, Avocado, Sardinen, Makrelen, aber auch in Fleisch enthalten.

Wasser: Wie viel Wasser pro Tag solltest du trinken? Die Deutsche Gesellschaft für Ernährung empfiehlt 1,5 Liter Wasser pro Tag zu trinken. Diese empfohlene Trinkmenge erhöht sich jedoch, wenn du zum Beispiel schwitzt, viel Sport treibst, Durchfall oder Fieber hast, stark frierst oder schwitzt. Auch frische Früchte und Gemüse, Suppen etc. enthalten Wasser. Allerdings sind die meisten anderen Lebensmittel deutlich fester und weniger wasserhaltig, als du sie nach der Verdauung wieder ausscheidet. Das bedeutet also, dass dein Körper für die Verstoffwechselung Wasser aus seinen eigenen Zellen verbraucht und diese den nicht verwertbaren Nahrungsanteilen hinzufügt. Täte er dies nicht, wären deine Toilettengänge eine ziemliche Quälerei. Die Verdauung braucht also zusätzlich Wasser. Dieser Fakt wird bei einigen Studien, die sich mit dem täglichen Wasserbedarf beschäftigt haben, nicht berücksichtigt. Durst ist ein deutliches Anzeichen dafür, dass dein Körper Wasser braucht. Es ist aber auch möglich, dass du chronisch dehydriert bist und es gar nicht richtig bemerkst. Ein guter Indikator für einen gesunden Wasserhaushalt ist der morgendliche Urin. Ist er zu dunkel und sehr geruchsintensiv, hast du am Vortag vermutlich zu wenig getrunken.

Wasser ist nicht gleich Wasser! Wenn du frisches Wasser direkt aus einer Quelle trinkst, so hat dieses auf Molekularebene eine perfekte Struktur. Dein Körper kann das Wasser wunderbar aufnehmen. Ähnlich verhält es sich mit dem Wasser aus Obst und Gemüse – das einwandfrei durch die jeweiligen Wurzeln der Mutterpflanzen gefiltert wurde. Wasser aus dem Hahn, aus erhitzten Säften, Softdrinks usw. hat diese Struktur nicht mehr. Es stillt zwar auch deinen Durst und versorgt deine Zellen mit der dringend benötigten Flüssigkeit – aber seine Qualität lässt zu wünschen übrig.

Ein erwachsener Mensch besteht zu über siebzig Prozent aus Wasser. Wasser dient dem Organismus als Träger von Informationen, als Transport- und Lösungsmittel und ist unverzichtbar für Stoffwechselprozesse, Entgiftung und Ausscheidung. Hast du gewusst, dass dein Gehirn sogar zu neunzig Prozent aus Wasser besteht? Ebenso verhält es sich mit deinem Blut. Deine Muskulatur besteht zu etwa achtzig Prozent aus Wasser, deine Leber zu siebzig Prozent, dein Fettgewebe zu fünfundzwanzig Prozent. So gut wie nichts funktioniert in deinem Körper ohne eine ausreichende Wasserversorgung.

Eine besonders gute Qualität weist Gebirgsquellwasser auf. Tief in der Erde wird es gefiltert und ist durch die vielen Gesteinsschichten bereits fein strukturiert, sodass es der Körper wunderbar in seine Zellen aufnehmen kann. Außerdem ist es in den meisten Fällen sehr rein, nicht gechlort und enthält auch keine Medikamentenrückstände oder Reste von anderen Chemikalien, wie es beim Leitungswasser der Fall sein kann. Hinzu kommt, dass Leitungswasser mit starkem Druck durch die Wasserleitungssysteme gepumpt wird. Auf diese Weise verändern sich die Moleküle des Wassers. Es entstehen sogenannte Cluster, also „Wasserklumpen", die dazu führen, dass der Körper die Nährstoffe aus dem Wasser nicht einwandfrei aufnehmen sowie Gift- und Abfallprodukte nicht gut lösen kann.

Der französische Wasserforscher Louis-Claude fand anhand jahrelanger Studien heraus, dass weiches Wasser, zum Beispiel Quellwasser, für den menschlichen Körper am besten geeignet ist – im Gegensatz zu hartem, kalk- und salzhaltigem Wasser. Eine dauerhafte Dehydrierung kann unter anderem Kopfschmerzen, Verstopfung, Schwindel, Schlaflosigkeit, Gedächtnisstörungen, Bluthochdruck, Arthritis oder Rheuma zur Folge haben. Spielt der Zeitpunkt des Trinkens eine Rolle? Die Wissenschaft sagt ja! Aufgepasst: Zwei Gläser Wasser nach dem Aufwachen am Morgen unterstützen die Aktivierung der inneren Organe, ein Glas Wasser eine halbe Stunde vor der Nahrungsaufnahme getrunken, sorgt für eine bessere Verdauung, ein Glas Wasser vor einem heißen Bad hilft bei der Senkung des Blutdrucks und ein Glas Wasser direkt vor dem Zubettgehen am Abend beugt Schlaganfällen und Herzinfarkten vor!

Wichtige Indikatoren für eine gute Wasserqualität sind: die Wasserreinheit, die Wasserstruktur, die im Wasser gelösten Stoffe als auch die enthaltenen Informationen.

Vielleicht hörst du gerade zum ersten Mal, dass Wasser in der Lage ist, Informationen aufzunehmen, sie zu speichern und wieder an die Umwelt abzugeben. Wenn du dich bisher noch nicht näher mit dem Thema Gesundheit beschäftigt hast, dann klingt diese Information womöglich ein bisschen nach Science

Fiction für dich. Aber ob du es glaubst oder nicht – es handelt sich dabei um einen schon seit vielen Jahren bewiesenen Fakt.

Tatsächlich reagiert Wasser nicht nur auf biologische Signale aus der Natur, sondern auch auf technische wie beispielsweise elektromagnetische Strahlen, ausgesendet durch Funktechnik. Diese Reaktion des Wassers lässt sich nachweisen und anhand von Petrischalen sichtbar machen. Besonders intensiv dazu forscht Professor und Physiker Eshel Ben Jacob. Heutzutage haben die wenigsten Menschen Zugang zu frischem Quellwasser. Eine Alternative dazu sind Umkehrosmosewasserfilter.

Bist du noch bei mir oder hat dir das Lesen und Lernen der vielen Nährstoffe Kopfschmerzen bereitet? Hast du Angst, der restliche Teil des Buches könnte ähnlich trocken werden? Oder befürchtest du, dass ich mit diesem Kapitel den geheimen Plan, dich langsam, aber sicher in den Schlaf zu wiegen, verfolge? Das tue ich gewiss nicht, meine Motivation und Absicht ist eine andere.

Du ahnst sie womöglich: Ja, du sollst im besten Fall ein Ernährungsenthusiast werden!

Alles, was du gerne tust, worüber du viel weißt und wofür du eine Leidenschaft hast, geht dir in Fleisch und Blut über. Du verhältst dich dann so, weil du einfach nicht anders kannst. Denn es ist ein Unterschied, ob du dir lediglich vornimmst, auf deine Ernährung zu achten oder ob du dich als einen ernährungsbewussten Menschen betrachtest.

Im ersten Fall ist es wahrscheinlich, dass du dich in Wahrheit immer noch als Esssüchtige siehst, die jetzt zwar etwas verändern möchte, im Kern aber immer noch mit sich hadert. Ganz anders im zweiten Fall. Er zeigt, dass du dich eben nicht mehr als Binge Eater, sondern als durch und durch ernährungsbewussten Menschen verstehst, der automatisch und ohne Anstrengung seinem Selbstbild entsprechend handelt. Das Tun wird zum Sein. Und das Sein ist die Vollendung einer gelungenen Veränderung.

Ich will dir nichts aufzwängen, aber du kannst mir glauben, wenn ich dir sage: Es wird leichter, je mehr du dich mit deiner neuen Rolle als glücklicher, ernährungsbewusster Mensch identifizierst. Wahlweise auch als Highcarber, Lowcarber, Vegetarier, Veganer, Rohköstler etc. – denk dir eine Bezeichnung für dich aus, wenn du mit den aktuell bekannten Bezeichnungen im Hinblick auf die von dir gewählte Ernährungsform nicht zufrieden bist.

Hin zum Sein kommst du durch das regelmäßige Tun. Mit dem Lesen dieses Kapitels machst du den Anfang. Weiter geht es mit dem Notieren der Lebensmittel, die du magst und ihren entsprechenden Hauptmakronährstoffen (Kohlenhydrate, Fette, Proteine) sowie ihren Mikronährstoffen (Vitamine und Mineralstoffe). Ziel ist nicht, dass du die Nährstoffe jedes Lebensmittels in- und auswendig kennst. Es reicht schon, wenn du über den Großteil deiner Favoriten Bescheid weißt und von einigen anderen zumindest eine vage Ahnung hast. Die Umstellung deiner Ernährung muss auch nicht über Nacht passieren. Wenn du dir vornimmst, jede Woche zwei absolut gesunde Mahlzeiten in deine Ernährung einzubauen, ist das doch schon großartig. Mit der Zeit kann es gut sein, dass du daran immer mehr gefallen findest und automatisch öfters gesund kochst. Vertrau mir, alles andere ergibt sich im späteren Verlaufe dieses Programms.

Weiter geht es mit deinem Soul- und Ernährungstagebuch! In den nächsten sieben Tagen darfst du dich ganz auf deine zuvor festgelegten Ziele konzentrieren. Hast du deine ein bis zwei Ziele in den letzten sieben Tagen erreicht? Falls dem so ist: Prima! Suche für die kommenden sieben Tage maximal ein neues, weiteres Ziel aus, das du in deinem Tagebuch notierst. Hattest du in den letzten sieben Tagen Schwierigkeiten damit, deine festgelegten ein bis zwei Ziele zu erreichen? Kein Grund zu verzagen! An dieser Stelle deines Weges geht es darum, das

System zum Erreichen deiner Ziele am praktischen Beispiel zu begreifen.

Power-Aufgabe 7: Schreibe nun bitte auf, wie genau du dein Vorhaben in die Tat umsetzen wirst. Wenn du dir als Ziel zum Beispiel vorgenommen hast, mehr Gemüse zu essen, könnte das dich dahinführende System sein:

- Ich kaufe bei jedem Gang in den Supermarkt x-Portionen Gemüse, damit ich immer einen ausreichenden Vorrat habe.
- Ich stelle mir zu den Mahlzeiten oder bei der Vorbereitung einen Alarm in meinem Handy, der mich daran erinnert, eine große Portion Gemüse zuzubereiten.

Auch bei den anderen, im vorherigen Kapitel „Richtig Ziele setzen“ genannten Beispielzielen, könntest du mit einem Alarm zur Erinnerung arbeiten. Genauso gut kannst du diese Erinnerungen auch auf Klebezettel schreiben, die du gut sichtbar in deinem Zuhause anbringst. Wenn du technisch versiert und viel mit deinem Handy unterwegs bist, kannst du dir auch eine kostenlose App herunterladen, die dich mit wechselnden, individuell beschreibbaren Hintergründen an deine Vorhaben erinnert. Auch hier gilt wieder: Sei kreativ, mach es dir so leicht wie möglich und nutze die Methoden, die für dich funktionieren.

Ist es dein Ziel, in einer bestimmten Zeit eine bestimmte Anzahl an Kilogramm zu verlieren, könnte der Prozess, das System dazu sein, dass du jeden Tag mindestens zwanzig Minuten Sport machst und dich gesund ernährst. Auch wenn dein anvisierter Gewichtsverlust dann eventuell länger auf sich warten lässt, hältst du weiterhin stur an deinem Prozess fest. Denn er ist es, auf den du dich für das Erreichen deines Ziels konzentrieren musst.

Bist du bisher immer ein Sportmuffel gewesen und schon allein der Gedanke, dich jeden Tag mehr als nötig zu bewegen, treibt dir die Schweißperlen auf die Stirn? Dann ist das regelmäßige Sporttreiben dein Ziel. Das System dazu könnte sein, dass du dir deine Sportkleidung und Schuhe bereits am vorherigen Abend am Bett bereitlegst. So ist der Aufwand am Morgen gering und in dir entsteht weniger Widerstand.

Ein weiterer Punkt könnte sein, dass du die schweißtreibende Bewegung mit deiner Lieblingsmusik oder einem spannenden Hörbuch in den Ohren machst. Oder du legst dir einen Sportbuddy zu, der dich motiviert und auf keinen Fall schwänzen lässt. Genau wie bei der Ernährung ist es auch beim Sport wichtig, dass du etwas findest, das dir wirklich Freude bereitet. Mehr dazu erfährst du im späteren Teil dieses Buches.

Abschließend zum Thema Ernährung und Empfehlungen möchte ich dir noch Folgendes mit auf den Weg geben: Bedenke stets, dass auch die WHO und die DEG bestimmte Sponsoren haben und nicht ganz frei von Beeinflussung sind, was die Herausgabe an Empfehlungen für die Öffentlichkeit angeht. Die Lebensmittelindustrie gehört weltweit zu den umsatzstärksten Wirtschaftszweigen. Was viele Menschen nicht wissen: Auch in Deutschland nimmt sie großen Einfluss auf die Politik und auf unser Essverhalten. 2019 haben Mitglieder des Europäischen Parlaments das „European Food Forum" gegründet. Intransparenz, wie zum Beispiel die Regelungen, was nach außen an die Öffentlichkeit geraten darf und was nicht, stehen hier ebenso wie innerhalb der WHO auf der Tagesordnung. Darüber hinaus regiert die Lobby stets mit.

Du merkst: Heutzutage ist es herausfordernder denn je, sich diesen medialen Einflüssen zu entziehen und selbst zu denken. Es gibt so viele, teilweise höchst verwirrende und widersprüchliche Aussagen darüber, welche Lebensmittel gesund sind und von welchen wir lieber die Finger lassen sollten. Ich wünsche mir für dich, dass du trotz dieses Informationsdschungels deinen eigenen, befriedigenden Weg in eine nachhaltige, gesunde Ernährung findest. Einige einfache Fragen, die du dir beim Kauf eines bestimmten Lebensmittels stellen kannst, sind:

- Ist es ballaststoffreich?
- Enthält es Vitamine, Mineralstoffe und Enzyme?
- Ist es unverarbeitet?
- Handelt es sich dabei um Obst, Gemüse oder Hülsenfrüchte, Nüsse, Samen, Sprossen…?
- Kommt es ohne Zusatzstoffe aus?
- Ist es pflanzlich?
- Enthält es viel Wasser?

Lauten die meisten der Antworten auf diese Fragen nein, weißt du, dass du von dem besagten Produkt nicht allzu viel kaufen und verspeisen solltest. Oder du triffst eine gänzlich andere Wahl – aber das sei dir selbst überlassen. Es bringt aber nichts, wenn du dich für eine Ernährungsform entscheidest, die du für besonders gesund, aber ungenießbar hältst. Denn wie lange würdest du diese wohl durchhalten?

Richtig, nicht besonders lange!

Bedenke die Nachhaltigkeit bei deiner Entscheidung. Es ist zwar in der Tat so, dass sich die menschlichen Geschmacksnerven bei einer veränderten Ernährung mit der Zeit umstellen, aber dies geschieht nicht über Nacht. Und damit du am Ball bleibst, solltest du mit einer Ernährungsform beginnen, die dich von Anfang an erfreut. Später kannst du diese immer noch ändern und anpassen. Genau genommen geschieht dies bei den meisten Menschen automatisch. Ernährst du dich immer mehr vollwertig und greifst häufiger auf Unverarbeitetes zurück, wirst du schnell merken, dass du viel weniger Appetit auf die Lebensmittel hast, bei denen dir früher allein beim Gedanken daran das Wasser im Mund zusammenlief.

Power-Aufgabe 8: Die nächsten sieben Tage stehen an! Schreibe dafür eine Liste der Lebensmittel, die du innerhalb dieser Tage in deinen Ernährungsplan integrieren wirst. Achtung: Notiere mindestens fünf neue Lebensmittel.

Noch einmal zur Erinnerung die Anhaltspunkte für die Lebensmittel, die dich bei deinem Plan, dich endgültig vom Binge Eating zu befreien, als Cheerleader unterstützen werden:

- Ist die Nahrung ballaststoffreich?
- Enthält das Lebensmittel Vitamine und Mineralstoffe?
- Ist die Nahrung möglichst unverarbeitet?
- Kommt das Lebensmittel ohne Zusatzstoffe und Geschmacksverstärker aus?
- Enthält die Nahrung von sich aus einen hohen Wasseranteil?

Zur Vereinfachung bekommst du nachfolgend eine kleine Liste von Lebensmitteln, bei denen es sich empfiehlt, immer genug zu Hause zu haben und möglichst täglich davon zu essen:

- Obst und Gemüse, denn sie enthalten lebenswichtige Vitamine, Mineralstoffe, Enzyme, Ballaststoffe und Wasser,
- Hülsenfrüchte als hervorragende Proteinquelle. Sie enthalten außerdem wertvolle Vitamine, Mineralstoffe und Ballaststoffe,
- Eine Handvoll Nüsse und Samen pro Tag. Sie enthalten Proteine und weisen ebenfalls die Nährstoffe von Obst und Gemüse auf – Enzyme, wenn sie ungeröstet und unverarbeitet sind; es empfiehlt sich, diese vor dem Essen in Wasser einzuweichen, um sie zu reaktivieren,
- ggf. selbst gezogene oder gekaufte Sprossen für Vitamine und Mineralstoffe,

- ggf. Algen.

Notiere weiterhin Datum, Uhrzeit, Art der Nahrung und deine Stimmung wie in den vorherigen Siebentagesblöcken. Falls du in diesem Zeitraum an Essattacken leidest, schreibe wieder den Auslöser auf und markiere diesen. Denke bei jeder Mahlzeit – egal, ob Essanfall oder nicht – daran, eine bestimmte Menge von den neuen Lebensmitteln von deiner Liste zu essen.

DAS INTERMITTIERENDE FASTEN

Wenn es um eine gesunde und nachhaltige Ernährung geht, darf das Thema intermittierendes Fasten oder auch Intervallfasten nicht fehlen. Wahrscheinlich hast du den Begriff bereits das ein oder andere Mal gehört. Es ist leicht anzunehmen, es handele sich beim intermittierenden Fasten im Grunde bloß um eine weitere spezielle Diät. Dem ist jedoch nicht so. Intervallfasten bezeichnet die Nahrungsaufnahme in einem bestimmten Zeitfenster. Dabei erfolgt auf einen zuvor festgelegten Rahmen für das tägliche Essen eine längere Essenspause. Es ist eher eine Ernährungsgewohnheit als eine Diät. Sie ist auf Dauer ausgelegt und bringt zahlreiche gesundheitliche Vorteile mit sich.

In der aktuellen Zeit ist es Fluch und Segen zugleich, dass sich in Deutschland an nahezu jeder Ecke ein Supermarkt, ein Cafe, ein Restaurant oder ein Imbissstand befindet. Alles Möglichkeiten, sich einen Snack oder gleich eine ganze Hauptmahlzeit einzuverleiben. Doch die Vorfahren des heutigen Menschen waren Jäger und Sammler. Für sie war es normal, auch einmal einige Tage lang nichts zu essen. Sie haben also gezwungenermaßen regelmäßig Fastenphasen erlebt.

Hast du dich schon einmal mit dem Thema Fasten beschäftigt? Falls ja, dann weißt du bereits, dass Fasten sehr gesund und entlastend für den Organismus sein kann. Im Gegensatz dazu begünstigt Überernährung die Entstehung von kardiovaskulären Erkrankungen, wodurch die allgemeine Krankheits- und die Sterberate steigt. Zwar leben wir heute deutlich länger als unsere fastenfreudigen Vorfahren, aber wäre dieses lange Leben nicht viel schöner ohne Medikamente und andere Beeinträchtigungen, sodass wir bis ins hohe Alter fit sind und alles machen können, was wir wollen?

Wenn du beim Intervallfasten die in den Fastenphasen eingesparten Kalorien in deinen Essenszeitfenstern nicht zusätzlich zu deiner eingeplanten Mahlzeit isst, eignet sich diese Ernährungsform auch sehr gut zum Halten deines Gewichts. Allerdings haben neueste Studien von der TU München herausgefunden, dass der Effekt bei der Gewichtsabnahme beim intermittierenden Fasten nicht größer als bei verschiedenen Diäten ist. Denn auch beim Intervallfasten kommt es letztlich auf die Energiebilanz an. Wie du bereits aus dem Teil mit den Enzymen weißt, kostet die Verdauung den Körper enorm viel Energie. Wenn du täglich drei große Mahlzeiten und vielleicht sogar noch diverse Snacks zu dir nimmst, ist dein Organismus also ständig beschäftigt. Rate mal, wozu er nicht kommt: Deine Zellen reparieren und dafür sorgen, dass du gesund und munter bleibst. Dazu braucht er die Fastenzeiten.

Wenn du das Intervallfasten für dich einmal ausprobieren willst, kannst du zwischen zwei Basisvarianten wählen: Entweder du legst einen ganzen Fastentag in der Woche ein oder du fastest in täglichen Perioden.

Bei der Variante eins ist es auch möglich, zwei nicht aufeinander folgende Fastentage pro Woche einzulegen. Einige Menschen konsumieren an diesen Tagen überhaupt keine Kalorien und trinken ausschließlich Wasser und ungesüßten Tee.

Für andere ist eine Kalorienaufnahme von bis zu fünfhundert noch in Ordnung und der gesamte Tag zählt dabei trotzdem noch als Fastentag. Bei den aufgenommenen Nahrungsmitteln an einem solchen Fünfhundert-Kalorien-Fastentag sollte es sich möglichst um frisches Obst und Gemüse sowie andere ganzheitliche, unverarbeitete Lebensmittel handeln. Um das Maximum der durch das Fasten vom Körper verfügbaren Energie zur Regeneration auszunutzen, ist eine einmalige Mahlzeit mit fünfhundert Kalorien empfehlenswert (anstelle von zum Beispiel drei kleinen). Zwischen zwei vollständigen Fastentagen sollten immer mindestens zwei Tage liegen, an denen normal gegessen wurde.

Beim periodischen Fasten erstreckt sich die Fastenphase über sechzehn, achtzehn oder zwanzig Stunden. In dieser Zeit sollten keine Kalorien aufgenommen werden. Außerdem gilt, wie bereits angemerkt, dass bei den übrigen Essenszeiten normal große Mahlzeiten verspeist werden sollten. Es geht nicht darum, in diesen Zeiten etwas „nachzuholen".

Die Wahl der Nahrung beim Intervallfasten liegt bei jedem selbst. Selbstverständlich empfiehlt es sich auch hier auf vollwertige Lebensmittel zurückzugreifen. Wenn du noch am Anfang deines Lebens als ernährungsbewusster Mensch stehst, könnte dich die Ernährungsumstellung im Zusammenhang mit dem intermittierenden Fasten vielleicht überfordern. Deshalb: Überstürze nichts! Wenn du das Gefühl hast, Intervallfasten könnte gut für dich sein und zu deinem Lebensstil passen, probiere es ca. drei Monate nach der Transformation deiner Binge-Eating-Störung aus. Das Wichtigste ist und bleibt, dass du ein besseres Verhältnis zu Lebensmitteln aufbaust, die dich auch auf zellulärer Ebene nähren und mit wichtigen Nährstoffen versorgen. Wenn du also zu Beginn nachts um drei einen leckeren Tomatensalat mampfen möchtest – nur zu!

Viele Menschen, vor allem Betroffene von Essstörungen oder Süchten, neigen zu einem Schwarz-Weiß-Denken, wenn es um Veränderung geht. Eine kleine Abweichung von ihrem ursprünglichen Plan wird dann schnell zu einem Patzer, nach dem dann alles andere „sowieso egal ist". Dieses Denken ist Gift für das Integrieren von neuen, gesünderen Gewohnheiten. Es abzulegen ist möglich, erfordert jedoch jede Menge Geduld und Selbstmitgefühl. Dazu später mehr. Außerdem verleitet Überforderung durch zu viele neue „Regeln" auf einmal zu diesem Denkschema.

Merke: Intervallfasten kann dein Leben und die Gesundheit deines Körpers in großem Maße bereichern. Deshalb ist es Bestandteil dieses Kapitels. Doch das intermittierende Fasten gehört zu den Tipps und Ratschlägen, die du – anders als das Ernährungstagebuch – nicht sofort umzusetzen brauchst. Im besten Fall wirst du dieses Buch mehrfach zur Hand nehmen und immer mal wieder das ein oder andere darin nachlesen.

DEIN TÄGLICHER KALORIENBEDARF

Wie viele Kalorien jeder Mensch pro Tag benötigt, hängt von unterschiedlichen Faktoren ab. Dazu gehören dein Geschlecht, dein Alter, deine Größe, dein momentanes Körpergewicht sowie deine täglichen Aktivitäten. Kalorien nimmst du über Kohlenhydrate, Fette und Eiweiße aus der Nahrung zu dir. Wie du bereits weißt, werden diese in deinem Verdauungstrakt aufgespalten und anschließend von deinem Körper verwertet. Es folgt die Freisetzung von Energie. Kalorien (kcal) heißen auch Kilojoule (kj). Beides meint die Maßeinheit für die von den Zellen benötigte Energie. Eine Kilokalorie hat den Wert von 4,18 Kilojoule. Geht es um den täglichen Kalorienbedarf, unterscheidet die Wissenschaft zwischen dem Grundumsatz und dem Leistungsumsatz.

DER GRUNDUMSATZ

Damit all deine überlebenswichtigen Körperfunktionen wie Atmung, Körpertemperaturregelung, Arbeit der Organe oder die Verdauung aufrechterhalten werden können, benötigst du einen bestimmten Energievorrat. Dieser nennt sich auch Grundumsatz oder Ruhe-Nüchtern-Umsatz.

Er hängt von deinem Alter, deinem Geschlecht, deinem Gewicht und deiner Größe ab. Da Frauen von Natur aus im Verhältnis zur Fettmasse über weniger Muskelmasse als Männer verfügen, fällt auch ihr Grundumsatz geringer aus. Der Grundumsatz für einen Tag (24 Stunden) berechnet sich grob wie folgt:

Grundumsatz für Frauen = 1 Kilokalorie x Körpergewicht in Kilogramm x 24 Stunden.

Für eine Frau mit 68 Kilogramm bedeutet das:

1 Kilokalorie x 68 Kilogramm x 24 Stunden = 1632 Kilokalorien Grundumsatz

Grundumsatz für Männer = 1,1 Kilokalorie x Körpergewicht in Kilogramm x 24 Stunden.

Für einen Mann mit 68 Kilogramm bedeutet das:

1,1 Kilokalorie x 68 Kilogramm x 24 Stunden = 1795,2 Kilokalorien Grundumsatz

Eine genauere Berechnung macht die Harris-Benedict-Formel möglich, in der Geschlecht, Alter und Körpergröße zusätzlich mit einbezogen werden. Sie wird bereits seit 1918 gebraucht und gilt als sehr genau. Diese Formel sieht wie folgt aus:

Grundumsatz für Frauen:

655,1 + (9,6 * Körpergewicht in Kilo) + (1,8 * Körpergröße in cm) - (4,7 * Alter in Jahren)

Grundumsatz für Männer:

66,47 + (13,7 * Körpergewicht in Kilo) + (5 * Körpergröße in cm) – (6,8 * Alter in Jahren)

Am Beispiel einer dreißig jährigen Frau mit 57 Kilogramm, bei einer Größe von 162 cm:

655,1 + (9,6 * 57) + (1,8 * 162) - (4,7 * 30) = 1353 Kalorien

Wenn du Gewicht verlieren möchtest, ist es wichtig zu wissen, dass der Grundumsatz etwa fünfzig bis siebzig Prozent deines gesamten Energiebedarfs am Tag ausmacht. Wenn du viel Sport machst, gut trainiert bist und daher einen großen Muskelanteil im Körper hast, ist dein Grundumsatz höher, weil Muskeln im Ruhezustand deutlich mehr Energie verbrauchen als Fettzellen. Trainierst du also mehr und baust eine größere Muskelmasse auf, nimmst du schneller ab.

DER LEISTUNGSUMSATZ

Aus dem Grundumsatz und dem Leistungsumsatz (Aktivität) berechnet sich der gesamte Kalorienbedarf pro Tag. Bei deinen täglichen Aktivitäten – Sport nicht miteingerechnet – verbrennt dein Körper zusätzliche Kalorien. Dieser Leistungsumsatz wird mithilfe des sogenannten PAL-Faktors ausgerechnet. PAL steht für *Physical Activity Level*. Wenn du zusätzlich noch Sport treibst, musst du die verbrauchten Kalorien für die jeweilige Sportart errechnen und zu deinem Gesamtumsatz dazu zählen.

Für die Gewichtsreduktion und den Aufbau von Muskelmasse empfiehlt sich eine Kombination aus Kraft- und Ausdauertraining.

Power-Aufgabe 9: Berechne deinen Grund- sowie deinen Leistungsumsatz und halte beides in deinem Soul- und Ernährungstagebuch fest. Nutze dafür gerne einen der vielen kostenlos verfügbaren Kalorienrechner im Internet. Notiere sieben Tage lang deine ungefähre Kalorienaufnahme. Achtung: Diese Aufgabe soll dich keineswegs zu einer penetranten Kalorienzählerin machen. Sie soll lediglich dein Gespür für die ungefähre Kalorienmenge bestimmter Lebensmittel schärfen.

GEDANKEN ZUM THEMA ERNÄHRUNG UND EINEM GESUNDEN, GLÜCKLICHEN LEBEN

Ohne eine gute Gesundheit ist so gut wie nichts in diesem Leben möglich. Du kannst den besten Job der Welt, eine großartige Familie, das tollste Haus, den besten Lebenspartner oder Lebenspartnerin oder ein paar Milliarden auf der hohen Kante haben – wenn du nicht gesund bist, kannst du all das nicht genießen.

Deine Gesundheit ist die Basis eines glücklichen und zufriedenen Lebens. Ohne Gesundheit ist dein Leben nicht von langer Dauer und du erlebst deutlich mehr Schmerz als Freude. Deswegen ist dieses Kapitel so lang und umfassend! Das darin vermittelte Wissen soll für eine nachhaltige, gesunde Veränderung ausreichen, auch wenn du dich vor dem Lesen dieses Buches noch nie mit dem Thema Gesundheit beschäftigt hast.

Du weißt bereits, dass alles im Körper mithilfe von Energie funktioniert. Ohne Energie kein Leben. Völlig gleich, was du machst, du brauchst dafür Energie – selbst, wenn du einmal gar nichts machst und einfach nur herumliegst. Hast du wenig

Energie zur Verfügung, kannst du dein volles Potenzial nicht ausschöpfen.

Die Verdauung benötigt einen Großteil der vom Körper zur Verfügung gestellten Energie. Wenn du viel frisches Obst und Gemüse isst, hast du dank der darin enthaltenen Enzyme mehr Energie und nimmst deinem Körper Arbeit ab. Wenn du Fleisch isst, sieht es anders aus. Dein Darm ist über fünf Meter lang und eine fleischhaltige Nahrung braucht bis zu zweiundsiebzig Stunden, bis sie vollständig verdaut ist. Dies mag der Grund sein, warum fleischfressende Tiere wie beispielsweise ein Löwe, Tiger oder Puma bis zu zwanzig Stunden am Tag mit Schlafen verbringen. Sicher kennst du das Gefühl der plötzlich eintretenden Müdigkeit nach einer üppigen Mahlzeit, oder? Pflanzenfresser hingegen brauchen deutlich weniger Schlaf. Außerdem haben sie genau wie wir einen langen Darm, keine Fangzähne – deine Eckzähne zählen nicht, sie wären aufgrund ihrer Stumpfheit ziemlich schlechte Reißzähne – oder Krallen an den Händen.

Dass wir Menschen Allesfresser sind und uns notfalls anpassen können, war von Vorteil, als wir die Urwälder mit ihren leckeren tropischen Früchten und dem warmen Klima verließen, um in die Welt hinauszuziehen. Aber zwischen dem *Überleben* und dem *Leben* klafft eine riesengroße Lücke. Menschen unterscheiden sich in vielerlei Hinsicht von anderen Lebewesen auf der Erde. Und gerade heutzutage ist eine Zeit gekommen, in der es nicht nur wichtig, sondern unabdingbar ist, unser bisheriges Tun zu hinterfragen.

In den westlichen Ländern sind immer noch Herzinfarkte und Schlaganfälle die Haupttodesgründe. Beide haben unter anderem die Arteriosklerose, die Arterienverkalkung, als Ursache. Sie ist die Folge von einem übermäßigen Konsum an tierischen Proteinen, Fetten, Rauchen und Alkohol. Aber damit dein Körper und dein Geist funktionieren, muss die einwandfreie Durchblutung gewährleistet sein. Und ungesundes Fett lagert sich nicht nur an deinem Bauch oder deinen Hüften, sondern auch in deinen Gefäßen ab. Nimmt diese Ablagerung zu, wird dein Organismus kontinuierlich leistungsschwächer.

Eine Ernährung ohne tierische Produkte enthält kein Cholesterin, weniger Fett, weniger gesättigte Fettsäuren und weniger Kalorien als eine vegetarische Ernährung. Das macht sie laut der unabhängigen amerikanischen Kommission PCRM, der „Physicians Committee for Responsible Medicine“ zu der gesündesten Ernährungsform insgesamt. Der Biochemiker, Ernährungsforscher und Autor T. Collin Campbell weist darauf hin, dass die meisten Krebserkrankungen, Herzkreislauferkrankungen und andere degenerative Erkrankungen durch eine pflanzenbasierte Ernährung vermieden werden könnten.

Der deutsche Mikrobiologe Claus Leitzmann gibt ihm recht: Die Ergebnisse weltweiter Studien mit vegan lebenden Menschen zeigen, dass Veganer im Durchschnitt deutlich gesünder sind als die übrige Bevölkerung. Faktoren, an denen dies festgemacht wird, sind unter anderem: das Körpergewicht, der Blutdruck, das Blutfett, die Cholesterinwerte, die Nierenfunktion sowie der allgemeine Gesundheitsstatus.

Hast du dir gemerkt, welches die gesündesten Lebensmittel überhaupt sind? Richtig – frisches Obst, frisches Gemüse, Nüsse und Samen. Wenn du Negatives über Fruchtzucker liest, so geht es dabei meist um erhitzten Fruchtzucker, wie er in Säften oder anderen verarbeiteten Produkten vorkommt. Dieser Zucker ist nicht vergleichbar mit dem Zucker aus frischen, reifen und wasserhaltigen Früchten.

Verarbeiteter Fruchtzucker lässt deine Haut vorzeitig altern und übersäuert deinen Körper. Diese Säure schwächt dein Immunsystem. Außerdem verlangsamt die durch die Übersäuerung entstandene Milchsäure im Körper das Abnehmen. Das ist aber noch nicht alles, denn verarbeiteter Zucker ist dazu noch Hauptnahrungslieferant für Krebszellen. Er dient ihnen als Baustoff und erleichtert ihre Angriffe auf benachbarte Zellen. Obendrein macht der Konsum von industriell verarbeitetem Zucker nach dem ersten High recht schnell schlapp und lässt dich müder als zuvor zurück.

ALKOHOL UND ZIGARETTEN

Dass Alkohol Gift für die Zellen ist, wissen inzwischen die meisten Menschen. Auch für die Gewichtsabnahme ist er alles andere als förderlich. Wenn du Alkohol trinkst, wird dieser zunächst umgehend aus deinem Körper entsorgt. Alkohol ist nicht nur ein Gift, er wirkt zusätzlich entwässernd. So kann es sein, dass du am Morgen danach erst einmal weniger als noch am Vortag wiegst. Im Anschluss daran kommt es zur Fett- und Kohlehydratverarbeitung. Das Abnehmen wird gehemmt und erschwert.

Außerdem übersäuert Alkohol, genau wie das Rauchen, deine Zellen und fördert die Entstehung von Krebs. Beide sind, ebenso wie verarbeiteter Zucker, Salz und Fett Suchtmittel, die in deinem Gehirn einen Dopaminschub auslösen. Der Dopaminschub und das Zusammenwirken von anderen Neurotransmittern macht den Verzicht auf diese Stoffe so herausfordernd. Aber: Herausfordernd bedeutet nicht unmöglich, sondern machbar. Hör auf, dir weiterhin etwas zuzuführen, von dem du genau weißt, dass es dir schadet. Überlege mal, würdest du bei einem Baby auch ein Auge zudrücken und ihm etwas Schädliches füttern? Die meisten Menschen würden diese Frage verneinen.

Im Laufe deines Lebens hast du sicherlich schon einige Erfahrungen machen müssen, die dir die Selbstliebe erschweren. Und du hast die unbewussten Glaubensmuster deiner Familie und Freunde übernommen, die nicht immer positiv sind. Das alles führt dazu, dass es mit zunehmendem Alter leichter werden kann, sich selbst abzulehnen, was sich im Denken über sich selbst und auch im Verhalten manifestiert.

In den nachfolgenden Kapiteln wirst du lernen, wie du deinen Selbstwert wieder steigern und Mitgefühl für dich generieren kannst. Ja – du kannst dich wieder lieben lernen! Ein Leben, in dem du dich selbst liebst und wertschätzt, schenkt dir jeden Tag Freude und das Bewusstsein für echtes Glück.

Außerdem erleichtert es dir das Erlernen und Halten von gesunden Gewohnheiten. Diese sorgen wiederum dafür, dass du den Dingen, auf die es dir wirklich ankommt, ein Vielfaches mehr an Zeit widmen kannst. Anders als jemand, der beim Älterwerden vor allem damit beschäftigt ist, seine Krankheiten, Einschränkungen, Medikamente, Arztbesuche und Behandlungen zu managen.

REGELMÄSSIGES ESSEN UND SEINE VORTEILE

Um dich von der Binge-Eating-Störung zu befreien, solltest du regelmäßig essen. Dein Körper wird sich an die festen Zeiten gewöhnen. Du hast Bedenken wegen des Hungergefühles? Dein Körper ist anpassungsfähiger als du denkst. Wenn du plötzlich Hunger bekommst, schütten deine Zellen Ghrelin aus. Das ist ein Hormon, das für die Regulierung des Hunger- und Sättigungsgefühls verantwortlich ist. Ghrelin wird wegen seiner appetitanregenden Wirkung auch das Heiß-Hunger-Hormon genannt. Es wird in deiner Magenschleimhaut und deiner Bauchspeicheldrüse hergestellt.

Schüttet dein Körper Ghrelin aus, steigt deine Hungerkurve an. Verzichtest du trotz des Hungergefühls darauf, etwas zu essen, sinkt die Ghrelinausschüttung und mit ihr auch die Hungerkurve.

Sicher kennst du Situationen, in denen du für längere Zeit nichts essen konntest und irgendwann vergessen hast, dass du eigentlich Hunger hattest, bis sich dein Magen einige Zeit später dann wieder gemeldet hat. Wenn du früher stets zu einer bestimmten Zeit gegessen hast, diese jetzt aber änderst, wird sich dein Organismus mit der Ghrelinausschüttung auf die neuen Zeiten einstellen und entsprechend anpassen.

Dieses Wissen soll dich nicht zum Hungern motivieren. Es soll dir nur aufzeigen, dass es möglich ist, sich an Mahlzeiten zu einer bestimmten Zeit zu gewöhnen. Selbst wenn du mittags normalerweise keinen Hunger hast, weil du bisher stets irgendwann nachmittags oder spät abends gegessen hast, kannst du dies mit ein bisschen Disziplin ändern. In der Regel braucht es nur einige wenige Tage, bis sich deine Zellen an die Veränderung gewöhnt haben. Probiere es einfach aus!

WARUM DISZIPLIN SO WICHTIG IST

Wirkt Essen zur festen Zeit auf dich nun erst einmal abschreckend? Befürchtest du, dass dir die Disziplin fehlt, um das durchzuziehen?

Viele Menschen assoziieren Disziplin mit einem Mangel an Freiheit. Aber in Wahrheit ist genau das Gegenteil der Fall. Wenn du keine Regeln in deinem Alltag hast und nichts, wofür du Disziplin aufbringst, wird dein Leben schnell langweilig. Keine Disziplin für etwas aufbringen zu wollen, das einem am Herzen liegt, bedeutet nämlich auch, keine Ziele zu haben. Ohne Ziele kein Streben, ohne Streben kein Wachstum. Und was passiert, wenn etwas nicht mehr wächst? Genau, es steht still, bildet sich zurück und stirbt.

Disziplin zu haben, bedeutet sich bewusst für etwas zu entscheiden. Wenn du immer nur in den Tag hineinlebst und alles so nimmst, wie es kommt, stehen die Chancen hoch, dass in Wahrheit andere Menschen für dich entscheiden und deinen Alltag bestimmen. Aber wenn du in der Lage bist, Disziplin aufzubringen, kannst du temporär unangenehme Entscheidungen treffen. Beispiel: Vor dir steht ein superlecker aussehender Brownie, den du gerne essen würdest. Allerdings weißt du, dass dieser Brownie deinem Ziel, gesünder zu leben und abzunehmen, weniger zuträglich ist. Aber er sieht sooo lecker aus … Auf ihn zu verzichten, löst in dir ein unangenehmes Gefühl aus. Kurz: Schmerz.

Diesen kurzzeitigen Schmerz auszuhalten, kann man lernen. Dabei geht es nicht darum, dir alle spaßbringenden Dinge im Leben zu verbieten. Aber wenn du für die ungesunden Konsumgüter keine Regeln und Disziplin hast, wird dein Leben ziemlich sicher von ihnen bestimmt werden. Wenn du das möchtest und bereit bist, die Konsequenzen hinzunehmen, ist das okay. Meiner Erfahrung nach geht es dem Großteil der Menschen jedoch eher so, dass sie sich sehr wohl eine Veränderung im Bereich der Ernährung, Gesundheit, Sport etc. wünschen. Doch oft fehlt das Vertrauen, der tiefe Glaube daran, dass dies wirklich möglich ist.

Es ist wie mit dem Rauchen: Böte jemandem einer Raucherin oder einem Raucher eine magische Pille an, mithilfe derer sie oder er sofort Nichtraucher wären, würde kaum eine oder einer von ihnen ablehnen, auch wenn sie oder er vorher noch überzeugt behauptet hatten, sie würden gerne rauchen.

Wenn du die im Buch vorgestellten Methoden zur Ernährungsumstellung, deinem Emotions- und Stressmanagement, der Bewegung, Reflexion und das Stärken deines Selbstwertes anwendest, wirst du dich von der Binge-Eating-Störung befreien können. Die Fünf-Schritte-Methode ist dein Schlüssel, dein sicheres System für deine Heilung!

Der Prozess funktioniert, wenn du bereit bist, ihn anzuwenden. Trotzdem wird es immer wieder eine Situation geben, die dich in Versuchung führt. Das sind Momente, in denen du die Tendenz in dir verspürst, in alte Verhaltensweisen zu verfallen. Dass so etwas vorkommt, ist menschlich und kein Grund zur Sorge. Im Kapitel Rückfallprophylaxen lernst du, wie du mit vermeintlichen Fehltritten am besten umgehst und schnellstmöglich wieder auf deinen Weg gelangst.

Also, wie funktioniert das jetzt noch einmal genau mit der Disziplin?

Disziplin zu haben bedeutet, sich für etwas zu entscheiden und dabei kurzzeitige unangenehme Gefühle in Kauf zu nehmen. Es geht nicht darum, dieses Gefühl zu kontrollieren, dafür zu sorgen, dass du es nicht mehr empfindest oder es auszublenden. Bewusstes Wahrnehmen ist immer gut. Es führt zu tieferen Einsichten und hilft dir dabei, dich selbst besser kennenzulernen und zu verstehen. Wenn du Disziplin hast, wählst du das Aushalten dieses unangenehmen Gefühls.

Du triffst diese Wahl, weil du weißt, dass sie dich auf lange Sicht freier macht. Du liebst und wertschätzt dich genug, um geduldig zu sein und Vertrauen in dich und deinen Prozess zu haben.

Jedes Mal, wenn du durch dieses unangenehme Gefühl hindurchgehst und es bewusst spürst, macht dich das stärker. Es nimmt dir außerdem auch die Angst, dieses Gefühl nicht aushalten zu können.

In der Anfangszeit meiner Heilung fühlte es sich in manchen Momenten wie ein kleiner Tod an, veraltete Muster hinter mir zu lassen. Der logische Verstand begreift zwar, dass beim Verzicht auf eine Fressorgie nichts Schlimmes passieren kann – aber das ändert nichts an dem intensiven Vernichtungsgefühl, das von einem in solchen Augenblicken Besitz ergreifen kann.

Wenn du dir über dein Ziel, mit dem Binge Eating aufzuhören und dich von jetzt an gesund zu ernähren, im Klaren bist, gilt es eine Sache von Anfang an zu verinnerlichen: Kultiviere ein Hin-Zu-Mindset! Was meine ich damit? Vielleicht rattert dein Kopf bereits und du denkst an all die Dinge, die du jetzt nicht mehr nach Lust und Laune essen darfst. Das fühlt sich nach Verlust und Einschränkung an. Keine gute Voraussetzung für eine dauerhafte Veränderung. Außerdem löst der Gedanke „Ich muss unbedingt weg von…“ meistens einen starken innerlichen Widerstand aus. Das passiert oft unbewusst. Und Widerstand bedeutet kämpfen, hart sein, viel Anstrengung und meist auch Leiden.

Ich will nicht bestreiten, dass man Ziele auch mit Durchbeißen erreichen kann. Aber diese Methode ist sehr kräftezehrend.

Außerdem: So muss es nicht laufen.

Du kannst dir nämlich genauso gut den Weg vor dir bewusst machen, statt immer wieder über deine Schulter auf das zu sehen, was du nicht mehr willst. Fokussiere dich auf die vielen neuen gesunden und leckeren Lebensmittel, die du jetzt essen und entdecken darfst. Konzentriere dich auf dein neues Körpergefühl, die Lebensfreude und Freiheit, die du erreichen wirst. Diese Einstellung nennt man auch ein Hin-Zu-Mindset. Es sorgt dafür, dass du locker wirst und loslässt. Mit Leichtigkeit und (Vor-)Freude lassen sich Ziele so viel schneller und besser erreichen!

Deine Entscheidung, in bestimmten Momenten diszipliniert zu sein, ermöglicht dir ein Maximum an Freiheit an anderer Stelle.

Kurzzeitige Bedürfnisbefriedigung oder langfristige Glückseligkeit?

DIE KONTROLLE ÜBER DIE EIGENE HANDLUNGSFREIHEIT ERLERNEN

Disziplin ist der Baustoff, aus dem Freiheit gemacht ist – egal, ob es dabei um gesunde Ernährung, ein liebevolles Selbstbild, eine erfüllende Beziehung oder deine Finanzen geht. Sie lässt dir die Wahl, ob du dich für dieses oder jenes entscheiden willst. Nur wenn du Disziplin aus deinem Leben ausschließt, hast du irgendwann das Gefühl, keine Wahl mehr zu haben.

Dann zum Beispiel, wenn du eine ganze Zeit lang nicht bereit warst, dich gesund zu ernähren, regelmäßige Bewegung in deinen Alltag zu integrieren oder dich mit deinen Emotionen auseinanderzusetzen. Viele Menschen warten solange, bis sie ernsthafte gesundheitliche Probleme haben, von ihrem Partner verlassen werden oder emotional vollkommen ausgelaugt sind, bis sie etwas verändern. Dieser Punkt fühlt sich für sie meist so an, als setze ihnen jemand die Pistole auf die Brust: Du musst jetzt etwas ändern, sonst ist es vorbei!

Vielleicht hast du schon einmal etwas von der dunklen Nacht der Seele gehört. Sie beschreibt eine Phase im Leben, in der du nicht mehr weiterweißt. Das Einzige, was dir klar ist, ist, dass es wie bisher nicht mehr weitergehen kann. Angekommen an dieser Stelle, leidest du. Angetrieben von diesem Leiden, bist du plötzlich bereit in Aktion zu treten und große, überraschende Handlungen zu vollziehen. Du tust Dinge, die du dir vorher nicht zugetraut, nicht gewagt hättest.

Von Zeit zu Zeit braucht es anscheinend diesen Weckruf vom Leben, damit überhaupt eine Veränderung geschieht. Aber diese kann auch anders stattfinden, sie muss nicht zwangsläufig mit einem großen Leidensdruck einhergehen. Wenn du dich statt für einen Brownie für deine Gesundheit und ein saftiges Stück Melone entscheidest, dann leidest du in diesem Moment vielleicht für einige Sekunden … ein kleines bisschen. Aber was ist das im Vergleich mit der niederschmetternden Botschaft eines Herzinfarktes, der Angst, sich in Badebekleidung im Schwimmbad zu zeigen oder der Selbstablehnung? Ja, den Brownie nicht zu essen, kann sich im ersten Moment nach Verzicht und Schmerz anfühlen. Aber du hast die Freiheit, dich daran zu erinnern, worauf du dich mit dieser Entscheidung zubewegst; was du stattdessen wählst. Es dauert eventuell ein, zwei Herzschläge, bis sich das unangenehme Gefühl wieder in ein gutes verwandelt. Aber gemessen an deinem restlichen Leben ist diese Zeit kurz.

Oder?

Die Philosophie, immer im Jetzt und nur für heute zu leben, bringt Großartiges mit sich, nämlich viel Weisheit und Achtsamkeit. Aber nur wer Vertrauen in ein Morgen hat, darin, am nächsten Tag wieder die Augen zu öffnen, lebt ein verantwortungsbewusstes und tief erfülltes Leben. Denn nur FÜR den Moment zu leben, bedeutet, dass dir alles andere egal ist. Diese Denk- und Lebensweise ist verantwortlich für die meisten Probleme in unserer Welt – die Plünderung der Ressourcen dieses Planeten, die ungerechte Verteilung von Nahrung und Wasser, das Übermaß an Abfällen … Ganz anders sieht es aus, wenn du IM Moment lebst. Das bedeutet, dass du wirklich anwesend bist, deine Gefühle, Gedanken und Umwelt wahrnimmst und genau beobachtest.

Sieh deine Ernährungsumstellung nicht als Verzicht, sondern als Gewinn auf allen Ebenen!

Wenn du ab und zu einmal etwas Ungesundes essen möchtest: Tu das! Es ist okay, du bist auch nur ein Mensch und nicht hier, um perfekt zu sein. Erinnere dich nur stets daran, dass dein Tag, deine Woche, dein Monat, dein Jahr und dein Leben das Ergebnis vieler kleiner Entscheidungen ist. Wenn du an einem Tag eine Ausnahme machst und dich den Rest der Woche über gesund ernährst, wirst du überwiegend positive Resultate im Hinblick auf dein Wohlbefinden, Gewicht und deine allgemeine Gesundheit erzielen. Machst du jeden zweiten Tag oder öfter eine Ausnahme, wird dies über kurz oder lang zur Gewohnheit und deine Resultate werden sich verändern.

Deshalb ist es so wichtig, dass du auf deinen Zielen beruhende Regeln für dein Leben festlegst. **Zur Erinnerung:** Deine Ziele ergeben sich aus deinen inneren Werten und Bedürfnissen. Ist dir Gesundheit wichtig, könnten zwei deiner Ziele ein normales Körpergewicht und regelmäßiger Sport sein.

Diese individuellen Regeln bilden einen Rahmen, in dem du dich frei bewegen kannst. Erfolgs-, Mindset-, Life- und Fitnesscoach Mischa Janic bezeichnet diesen Rahmen auch als persönliche Spielwiese. Hast du diese für dich genau definiert, fällt es dir viel leichter, zu bestimmten Dingen nein zu sagen. Gleichzeitig sagst du mit freudiger Aufregung ja zu allem, was sich innerhalb dieses Rahmens befindet. Dazu kann gehören, dass zehn Prozent deiner Ernährung ungesundes Essen ist, das du dir einfach dann und wann genehmigen möchtest.

Noch ein Bonustipp: Wenig nahrhaftes Essen sollte – wenn überhaupt – immer nur eine Beilage für dich sein. Wähle eine frische, lebendige und nährstoffreiche Mahlzeit als Hauptenergiequelle und das Ungesunde als Topping – nicht umgekehrt.

MUT ZUR LÜCKE

Wie zu Beginn erwähnt, ist es der Drang, was dich letztlich dazu antreibt, etwas zu tun oder zu lassen. Ein Drang kann unbewusst oder bewusst durch das Festlegen und Erkennen von eigenen Werten und Zielen entstehen. Wahrscheinlich hast du selbst schon viele Situationen erlebt, in denen du dich essend vor dem Kühlschrank, mit der leeren Packung XXL-Eis oder einer Familienpizza im Bett wiedergefunden hast – ohne genau zu wissen, wie „das schon wieder passieren konnte."

Wie bei vielen anderen psychischen Erkrankungen entsteht auch bei der Binge-Eating-Störung ein gewisser Automatismus: Du verspürst den Drang, dich mit Essen vollstopfen zu wollen und handelst gefühlt noch in der gleichen Sekunde. Während der Handlung bist du wie auf Autopilot. Erst wenn der Drang einigermaßen befriedigt ist, wachst du aus deinem Dämmerzustand auf und nimmst dich und dein Umfeld wieder bewusst und mit allen Sinnen wahr.

Diesen unbewussten Ablauf von Drang und Handlung zu unterbrechen, ist wesentlich. Es gibt unzählige Trigger (Auslöser), die den Drang in dir auslösen können. Zum Beispiel das abendliche Serienschauen, ein stressiger Tag bei der Arbeit, emotionaler Druck, ein bestimmter Song, ein Restaurantbesuch, eine Reklametafel usw.

Aus eigener Erfahrung weiß ich, wie mühselig und ja, auch nahezu unmöglich es ist, sich auf all diese Trigger einzeln zu konzentrieren. Überdies können auch nach Jahren des Leidensdrucks immer neue dazu kommen. Deshalb ist das, was dich wirklich weiterbringt, der Fokus auf den Drang. Denn der Drang nach übermäßigem Essen ist es, der dich zu der tatsächlichen Handlung antreibt. Doch solange eine Handlung unbewusst in dir abläuft, hast du keine Chance, sie zu ändern. Aber deine Aufmerksamkeit, dein Willen, dich bewusst und auch in für dich unangenehmen Momenten akribisch zu beobachten, bringt dir deine Kraft und Macht zurück.

Du wirst schnell feststellen, dass es zwischen dem Drang und dem Umsetzen der Handlung keinen fließenden Übergang geben muss. Im Gegenteil: Es ist möglich, eine Lücke zwischen ihnen zu schaffen. Und diese Lücke, die Pause, das PATTERN INTERRUPT, wie es im Bereich des Marketings genannt wird, ist dein Ticket zur Freiheit.

Wie schaffst du es, diese Lücke herzustellen?

Dafür gibt es verschiedene Ansätze und einige möchte ich dir im Folgenden vorstellen. Aber du kannst dir jederzeit eigene ausdenken, falls sich die Beispiele nicht stimmig für dich anfühlen. Das Wichtigste ist, dass du eine oder mehrere Methoden findest, die für dich funktionieren.

DER POWER-HANDLUNGSPLAN FÜR DEINE HEILUNG VON DER BINGE-EATING-STÖRUNG

Entscheide dich jetzt dazu, den Drang des übermäßigen Essens bewusst wahrzunehmen. Achte darauf, wie sich das Gefühl in deinem Körper manifestiert. Spürst du vielleicht ein Ziehen im Brustkorb? Ein leicht hohles Gefühl im Bauch? Spannt sich dein Kiefer an? Kribbelt es in deinen Gliedmaßen?

Beobachte einfach bloß, was in dir vorgeht.

Zu dieser Beobachtung gehören auch deine Gedanken. Wenn du so tickst wie die meisten Menschen, werden dir vermutlich einige verurteilende Gedanken auffallen. So etwas wie: „Schon wieder willst du dich vollstopfen, schäm dich!"

Solche verurteilenden, kritischen und oftmals auch gemeinen Gedanken entspringen der Stimme deines inneren Kritikers. Du hast sie in jungen Jahren von deinen Eltern, Lehrern und anderen Personen übernommen, die diese ebenfalls von den vorherigen Generationen absorbiert haben. Lange Zeit hielt ein Großteil der Gesellschaft Druck und Kritik für nötig, um einen Menschen zu formen und voranzutreiben. Glücklicherweise verstehen heutzutage immer mehr Menschen und auch Institutionen, dass diese Denk- und Vorgehensweise mehr Schaden als Nutzen bringt. Denn was wir als Menschen einzeln und als

Gesamtheit brauchen, ist mehr Liebe und Mitgefühl uns selbst und den anderen gegenüber.

Wenn du solche Gedanken in dir erkennst, nimm sie wahr und sage dir etwas, das du einem besten Freund in dieser Situation mitteilen würdest. Etwas wie: „Das ist okay, du bist auf einem guten Weg. Sei freundlich zu dir." Ein paar wenige nette Worte können dafür sorgen, dass sich dein gesamter Körper entspannt. Sie signalisieren Selbstliebe und Wertschätzung, unabhängig davon, ob du gerade „erfolgreich" bist oder nicht. Diese Reaktion drückt aus, dass dein Wert niemals von äußeren Faktoren wie deinem Verhalten abhängig ist. Du bist und bleibst wertvoll, einfach, weil du du bist und weil du existierst.

Beobachte auch deine Gefühle und spüre sie, so gut es dir im jeweiligen Moment möglich ist.

- Fühlst du dich traurig?
- Einsam?
- Überfordert?
- Innerlich leer und ohne Halt?

Mit der Zeit wirst du feststellen, dass deine Gefühle die treibende Kraft zur Entstehung des Essensdrangs sind. Die meisten psychischen Störungen, wie auch die Sucht nach Essanfällen, sind der missgeleitete, unbewusste Versuch eines Menschen, einen intensiven Schmerz mit etwas anderem zu überdecken. Das kann sogar so weit führen, dass sich Menschen selbst körperlich verletzen, weil dieser Schmerz erträglicher zu sein scheint als der im Inneren, dem sie sich ansonsten stellen müssten. Dieser Mechanismus ist eine Schutzfunktion unserer Psyche. Sie ist wichtig, kann jedoch über kurz oder lang auch großen Schaden anrichten.

Es ist genau wie bei körperlichen Beschwerden. Werden sie immer weiter ignoriert, verschlimmern sie sich meistens. Diese Symptome sind Warnungen des Körpers, dass etwas nicht stimmt. Sie zeigen auf, wo genauer hingeschaut werden muss.

Gefühle wahrzunehmen und in ihrer Gänze zuzulassen, erfordert großen Mut. Es ist manchmal nicht leicht, das weiß jeder, der wirklich ehrlich zu sich ist. Trotzdem ist es nötig und genau wie bei anderen Tätigkeiten wie Klettern oder Surfen kannst du mit fortschreitender Zeit und Übung immer besser darin werden.

Power-Aufgabe 10: In dieser Woche und darüber hinaus bist du Sherlock Holmes, der die kniffelige Aufgabe erhalten hat, das Auftauchen seines Essensdrangs zu bemerken, die zugehörigen körperlichen Empfindungen wahrzunehmen, die Gedanken zu beobachten und die Gefühle zu spüren.

Versuche, dies so intensiv und genau wie möglich zu machen. Schreibe anschließend alles auf. Angefangen bei deinen körperlichen Empfindungen – dem Engegefühl in der Brust, Schwere, Kribbeln, unruhige Beine usw. Dann weiter zu deinen Gedanken – Kritik, Verurteilung, bestimmte Gedankenketten usw. – und deinen Gefühlen wie Wut, Trauer, Angst ...

Es ist vollkommen okay, wenn du nach dieser Beobachtung trotzdem zur Chipstüte, den Burgern, der Schokolade oder dem belegten Brötchen greifst. Mache einfach die Beobachtungsaufgabe zuvor. Abgemacht? Als Bonus könntest du dir bereits in diesem Siebentagesblock immer mal wieder etwas Nettes, Liebevolles und Aufbauendes sagen. Du musst es nicht glauben, tu es einfach. In dem nachfolgenden Siebentagesblock bekommst du noch mehr Werkzeug zur Stärkung deiner Selbstliebe an die Hand.

MEHR PATTERN INTERRUPT TECHNIKEN

Wenn du gerade zu Hause bist und den Drang nach einem Essanfall bemerkst, steh einfach auf und gehe in einen anderen Raum, der aber nicht gerade die Küche oder die Speisekammer sein sollte. Diese einfache Handlung reicht aus, um deine gewohnte, unbewusste Handlungsweise zu unterbrechen. Was, wenn du den Drang während der Arbeit, des Autofahrens, in der Bahn oder irgendwo anders, wo du im Augenblick nicht wegkannst, verspürst? Summe einen einzelnen Ton, bewege einen Finger nach dem anderen durch, lege deine Hand auf deine Brust und atme dreimal bewusst aus und wieder ein, spiele dein Lieblingslied laut oder mit Kopfhörern ab, sage in Gedanken oder laut „Stopp!" oder oder oder … werde kreativ und probiere alle möglichen Techniken aus, die als Antwort beim Auftauchen des Drangs dienen. Wichtig ist nur, dass die Pattern-Interrupt-Handlung leicht und an Ort und Stelle ausgeführt werden kann.

Es kann sein, dass dein selbst gewähltes Pattern Interrupt bereits zu einer dauerhaften und nachhaltigen Verhaltensänderung führt. Es gibt Menschen, die mit dem Rauchen aufhören und dabei nicht zunehmen, weil sie plötzlich als Ausgleich mehr essen. Sie beginnen auch kein neues Hobby oder treiben mehr Sport als zuvor. Diese Menschen hören einfach auf und leben ihr Leben ansonsten weiter wie bisher. Das ist möglich, denn bevor sie Raucher wurden, haben sie schließlich genau das getan: Einfach ihr Leben gelebt. Zwar hat das Rauchen die Nervenbahnen in ihrem Gehirn verändert. Aber die Unterlassung der jeweiligen Handlung macht sie inaktiv. Ihre Anlagen bleiben jedoch ein Leben lang erhalten, d. h., die Erinnerung bleibt. Deshalb ist es bei starken Suchtmitteln wie Zigaretten keine gute Idee, nach dem erfolgreichen Aufhören bei einer Party „ausnahmsweise einmal zu ziehen". Es kann sein, dass ein solcher Ausrutscher zu einer Reihe an Folgeausrutschern wird, bis die jeweilige Person wieder bei der ursprünglichen Menge an Zigaretten pro Tag angelangt ist.

Manche Menschen essen so gerne und viel Schokolade, dass sie ihr Verlangen danach ebenfalls als Sucht bezeichnen. Die Kombination aus Zucker und Fett in der Süßigkeit regt, wie du inzwischen weißt, die Dopaminausschüttung im Gehirn an. Somit funktioniert Schokolade auf chemischer Ebene tatsächlich wie ein Suchtmittel. Allerdings funktioniert es oftmals sogar für absolute Schokoladenjunkies, dass sie nach einer Ernährungsumstellung glücklich mit einer selbst festgelegten, moderaten Menge sind. Einige entdecken sogar, dass es viele tolle, gesündere und befriedigende Alternativen gibt, beispielsweise Nuss-, Carob-, Dattel-, Kakao-, Kokossnacks, die sie selbst zubereiten können.

Einer zweiten Gruppe von Personen fällt es schwerer, mit einer etablierten Gewohnheit zu brechen, solange sie keinen dauerhaften Ausgleich für diese geschaffen hat. Dieser Ausgleich sind neue, nahrhafte Gewohnheiten, die die ungesunden alten ersetzen.

Meine Empfehlung ist, dass du dir unabhängig davon, welcher Gruppe du dich zugehörig fühlst, auf jeden Fall neue Verhaltensweisen zulegst, denn diese werden dein Leben enorm bereichern.

Um dich wirklich langfristig von der Binge-Eating-Störung zu befreien, muss es eine Ernährungsumstellung geben. So weit sind wir schon einmal. Tu dir selbst den Gefallen und betrachte alle weiteren im Buch vorgestellten Verhaltensweisen nicht als unnötiges Beiwerk. Denn sie sind so viel mehr als das. Nimm die Übungen ernst und versuche proaktiv speziell auf dich abgestimmte Techniken zu finden, wenn du mit den vorgestellten nicht zufrieden bist.

Es geht um dich, um deine Gesundheit, dein Leben und dein Glück! Pack es an.

WIE DU DEINER BINGE-EATING-STÖRUNG EIN FÜR ALLE MAL DEN GARAUS MACHST

Indem du den unbewussten Automatismus unterbrichst, schaffst du die Möglichkeit, eine bewusste Entscheidung zu treffen. Diese Lücke zwischen dem Drang (Craving) und der Handlung (der Routine) schafft genug Zeit, damit du dir eine Frage stellen kannst: „Liebst du dich genug, um dir etwas Besseres zu gönnen?“ Je mehr du dich selbst wertschätzt, achtest und liebst, desto stärker wirst du darauf bedacht sein, dir Gutes anzutun. Sei es beim Essen, deiner Freizeit, deinen Selbstgesprächen, bei den Menschen, mit denen du dich umgibst, der Art deiner Arbeit und deines Lebens allgemein.

Den Selbstwert neu zu entdecken und sich wieder lieben zu lernen, geschieht nicht über Nacht. Das sollte dir bewusst sein. Deine Binge-Eating-Störung ist schließlich auch nicht von heute auf morgen entstanden. Aber wenn du bereit bist, jeden Tag die Übungen aus diesem Buch zu praktizieren, geht es wahrscheinlich schneller, als du dir jetzt vorstellen kannst.

Power-Aufgabe 11: Es folgen die nächsten sieben Tage. Notiere dir in den kommenden Tagen weiterhin deine körperlichen Empfindungen, deine Gedanken und deine Gefühle, wenn du den Drang zum Binge Eating verspürst. Diese Art der Selbstreflexion wird dir nach den vorangegangenen Tagen bereits leichter als zuvor von der Hand gehen.

Schreibe jetzt noch folgende Fragen dazu, die du in dem jeweiligen Moment (oder anschließend) aufrichtig beantwortest.

- Wonach sehne ich mich in diesem Augenblick wirklich? Was ist es wirklich, das ich gerade auf emotionaler Ebe-

ne brauche? Das kann eine Umarmung, Aufmerksamkeit, Spaß, Abenteuer, Trost, Zärtlichkeit, Gesellschaft oder anderes sein.
- Kenne ich einen Menschen persönlich, aus einem Buch, einem Film, einer Serie etc., der in diesem Moment etwas anderes, Gesünderes tun würde, um mit seinen Gefühlen umzugehen? Was würde diese Person tun? Was sind die charakterlichen Qualitäten, die ich an diesem Menschen bewundere?

Du bist wertvoll und hast etwas Besseres verdient, als ein Verhalten, das dir auf lange Sicht schadet, deine Lebenszeit verkürzt und sie so viel weniger glücklich macht, als sie sein könnte. Aber diese Einsicht von seiner Verstandes- zu seiner Gefühlsebene zu übertragen, dauert seine Zeit. Nimm dir diese Zeit, habe Vertrauen in dich und in den Fünf-Schritte-Prozess. Mache dir immer wieder deinen heilen Kern im Inneren bewusst. Völlig egal, was du deiner Meinung nach gerade einmal wieder für ein Chaos im Äußeren angerichtet hast.

Diese bereits vorgestellten Schritte bringen dich hin zu deinem neuen, freien Leben. Du brauchst sie nur noch zu gehen. Es ist in Ordnung, wenn du im Moment noch an deinen gewohnten Essattacken leidest. An dieser Stelle des Prozesses lernst du, wie du den Fokus von dem nimmst, was du nicht mehr willst. Und ihn stattdessen auf etwas Neues richtest. Die Praxis bildet das unerschütterliche Fundament, das deinen Wandel möglich macht.

ALTERNATIVE METHODEN ZUR STRESSBEWÄLTIGUNG & NEUE GEWOHNHEITEN

Deine Essattacken stehen in starkem Zusammenhang mit deinem jeweiligen Stresslevel. Stress kann sich nicht nur auf die Arbeit, bestimmte Termine und Zeitdruck beziehen. Es gibt auch emotionalen Stress, ausgelöst unter anderem durch Unsicherheiten, innerem Druck, einer bestimmten Erwartungshaltung oder einer neuen, unbekannten Situation.

Andauernder Stress und negative Gefühle lösen in vielen Menschen eine Art Ohnmachtsgefühl aus. Ihnen wird alles zu viel und es kommt ihnen vor, als liefen sie jede Sekunde Gefahr, endgültig die Kontrolle zu verlieren. Diese Angst vor dem Kontrollverlust, die empfundene Machtlosigkeit will bekämpft werden. Erinnerst du dich noch an eine Situation, in der es dir ähnlich ging? Weißt du auch noch, wie angenehm und erleichternd sich die ersten Bissen deines zum Bingen ausgewählten Essens angefühlt haben?

An einer Essstörung zu leiden ist für viele der Inbegriff von Kontrollverlust. Genau wie bei anderen Süchten gelingt es den Betroffenen irgendwann nicht mehr, ihr Verhalten zu lenken, es zu kontrollieren. Dennoch sorgt die jeweilige Störung auf der Gefühlsebene eben doch für eine gewisse Kontrolle – das ist das Paradoxe an allen Süchten.

Wenn Emotionen wie Angst, Ärger oder Traurigkeit dich überkommen und du nicht weißt, wie du mit ihnen umgehen sollst, entsteht in dir Hilflosigkeit und ein Gefühl der Überwältigung. Wie sollst du diese intensiven Gefühle erkennen und beherrschen? Was kannst du tun, damit sie wieder verschwinden? Die Antwort ist einfach: Essen. Ein Essanfall bietet dir Sicherheit, weil du weißt, dass du durch ihn deine Gefühlslage sofort verändern kannst. Eine Binge-Eating-Störung ist ähnlich wie andere Süchte nichts weiter als Besserfühlen auf Knopfdruck: Wenn A passiert (überwältigende Gefühle), mache ich B (Essanfall) und erhalte so C (wieder die Kontrolle). Es wird Zeit, dass der richtige Umgang mit Gefühlen und Gedanken bereits in den Schulen intensiv gelehrt wird. Bisher ist dies leider nicht der Fall, also mach dir um Himmels Willen keine Vorwürfe, wenn du es noch nicht kannst. Den allermeisten Erwachsenen geht es ähnlich wie dir. Was du brauchst, was wir alle als Menschen brauchen, ist echte Selbstbestimmung. Diese versetzt uns in die Lage, uns dauerhaft sicher und frei zu fühlen.

Binge Eating ist eine Falle, das ist leicht zu verstehen und zu durchschauen. Um aus ihr herauszukommen, braucht es eine Änderung deines Verhaltens und deiner Einstellung. Daraus folgt ein anderes und besseres Gefühlsleben. Doch wie schaffst du es, den negativen Stress und die daraus entstehenden Gefühle der Überforderung zu minimieren?

DER GESUNDE SCHLAF

Jeder weiß, dass zu wenig Schlaf sich negativ auf die Stimmung und auch das allgemeine Wohlgefühl auswirkt. Die Energie sinkt, die körperliche und geistige Leistung nehmen ab. Man ist den Anforderungen des Alltags nicht mehr gewachsen – es entsteht Stress.

Wenn du in einer Nacht von vielen mal zu wenig Schlaf bekommst, bist du am nächsten Morgen vielleicht nicht so gut drauf und gähnst den Tag über öfters mal. Am Abend gehst du etwas früher ins Bett und gleichst die fehlenden Stunden Schlaf von der Nacht zuvor so wieder aus. Das ist kein Problem und ist uns allen schon einmal so gegangen. Auch wenn der Tag für deinen Organismus aufgrund des Schlafmangels schwierig war und mehr Arbeit von ihm als gewöhnlich verlangt hat, gleicht er das temporär erhöhte Stresslevel wieder aus. Am nächsten Morgen fühlst du dich dann wieder erholt, hast viel Energie und bist bereit für den neuen Tag. Doch was, wenn du jede Nacht zu wenig Schlaf bekommst?

Merke: Schlafentzug ist eine gängige Foltermethode und führt zu schweren gesundheitlichen Problemen. Wenn er chronisch wird, sind permanenter Stress und Dauermüdigkeit oftmals die Folge.

Matthew Walker, Professor für Neurowissenschaften und Psychologie an der University of California, Direktor des dortigen Schlaflabors und ehemaliger Professor für Psychiatrie an der Harvard University, beschreibt in seinem Buch „Why we sleep" eindrucksvoll, warum Schlaf für uns als Menschen so wichtig ist. Er stellt unter anderem fest, dass ein regelmäßiger Schlafrhythmus von weniger als sechs bis sieben Stunden dem Immunsystem schadet und das Krebsrisiko mehr als verdoppelt. Außerdem erhöht zu wenig Schlaf das Risiko, an Alzheimer zu erkranken.

Selbst wenn du nur eine einzige Woche lang zu wenig Schlaf bekommst, hat dies bereits negative Auswirkungen auf deinen Blutzuckerspiegel. Diese Auswirkungen weiten sich bis auf eine Prä-Diabetes-Diagnose aus. Des Weiteren verstärkt zu wenig Schlaf psychische Erkrankungen wie Depressionen und Angststörungen. Außerdem bringen zu kurze Nächte dein Hormonsystem durcheinander. So ist es möglich, dass du dich hungrig fühlst, weil dein Körper das entsprechende Sättigungshormon nicht rechtzeitig ausschüttet.

Der zirkadiane Vierundzwanzig-Stunden-Rhythmus, auch Schlaf-Wach-Rhythmus genannt, bestimmt, wann du dich müde fühlst und wann nicht. Die natürliche Wachzeit beträgt bei einem erwachsenen Menschen zwischen zwölf und sechzehn Stunden. Adenosin, eine chemische Verbindung von Adenin und Ribose, wirkt sich außerdem maßgeblich auf deinen Schlaf aus. Es gehört zu den leistungsstärksten Molekülen in deinem Körper.

Wenn du etwas isst, dann wird über die Nahrung aufgenommene Glucose durch Glykolyse abgebaut. Dieser Vorgang lässt Adenosintriphosphat (ATP) entstehen, das bei der Übertragung von Energie zwischen deinen Zellen gebraucht wird. Hat Adenosintriphosphat seine Aufgabe erfüllt, baut dein Körper es zu Adenosin ab. Mit der Zeit sammelt sich immer mehr Adenosin in deinem Blutkreislauf und sorgt durch die Interaktion mit verschiedenen Zellrezeptoren für die Hemmung der neuronalen Aktivität – du wirst müde. Schwindet also der aus einfach verdaulichem Zucker bestehende Treibstoff in deinem Organismus, lässt Adenosin ihn wissen, dass für die Erneuerung der Energie jetzt Schlaf notwendig ist.

Trinkst du Kaffee, dann verdrängt das Koffein vorläufig die Wirkung von Adenosin. Du fühlst dich weniger müde. Trotz dieser Veränderung deines Empfindens, sammelt sich in deinem Körper jedoch stetig weiter Adenosin an. Hat deine Leber das Koffein schließlich wieder aus dir hinauskatapultiert, fühlst du dich erschöpfter denn je. Dieser Energiecrash liegt an dem zuvor massiv aufgebauten Adenosin.

Wenn du leidenschaftlich gerne Kaffee trinkst, denke einmal darüber nach, inwieweit du deinen Konsum minimieren kannst. Denn diese Koffeincrashs erschweren genau wie Alkoholhangovers den Kontakt mit deinem Inneren und deiner Widerstandsfähigkeit in Stresssituationen.

Achte darauf, dass du ins Bett gehst, wenn du abends müde wirst. Nimm dir für heute einmal vor, ganz bewusst wahrzunehmen, wann du das erste Mal zu gähnen beginnst und deine Augen schwer werden. Eventuell wirst du überrascht sein, wie früh das schon der Fall ist.

Eine optimale Anzahl an Schlafstunden trägt nicht nur dazu bei, dass du dir Dinge besser merken kannst und kreativer bist. Schlaf lässt dich außerdem jünger und attraktiver aussehen, hilft dir dabei schlank und fit zu bleiben und beugt Heißhungerattacken vor. Er verringert außerdem deine Anfälligkeit einen Schlaganfall oder Herzinfarkt zu erleiden, beschützt dich vor Grippen und anderen Infekten und verbessert deine sportlichen Leistungen.

Schlafmittel bringen übrigens bei weitem nicht dieselben positiven Effekte, was dein Immunsystem angeht. Zwar unterstützen sie dich beim Einschlafen, aber der von chemischen Mitteln induzierte Schlaf weist nicht annähernd die gleiche Qualität wie ein natürlicher auf. Außerdem haben Schlafmittel – wie alle anderen Medikamente auch – diverse Nebenwirkungen. Während des Schlafes wechselt dein Gehirn von Beta-, zu Alpha-, zu Theta-, bis hin zu Deltagehirnwellen. Diese liegen im Frequenzbereich von unter 4 Hz und zeigen die tiefste Schlafphase an. Diese Tiefschlafphase wird durch Schlafmedikamente nicht erreicht. Das führt zu Erschöpfung am nächsten Tag (trotz acht oder mehr Stunden Schlaf), einer verringerten Gedächtnisleistung und einer verminderten Reaktionsleistung bei Aktivitäten. Außerdem kann es zu Schlaflosigkeit kommen, wenn du das jeweilige Medikament irgendwann nicht mehr nimmst. Professor Matthew Walker gibt in seinem Buch zwölf Tipps für einen gesünderen Schlaf:

- Halte dich an einen bestimmten Schlaf - Aufstehrhythmus, den du möglichst auch am Wochenende beibehältst. Als Mensch bist du ein Gewohnheitstier. Dein Körper stellt sich auf bestimmte Bedingungen ein. Das gilt auch für die Ausschüttung von Hormonen, die dir beim Einschlafen helfen. An deinen freien Tagen die verpassten Schlafstunden nachzuholen, funktioniert nur bedingt und schon gar nicht auf Dauer. Deshalb ist es am besten, wenn du dir für die Gewöhnung an eine regelmäßige Schlafenszeit am Abend einen Alarm zum Ins-Bett-Gehen stellst. Vermeide etwa eine Stunde vor dem Schlafengehen Handy-, Computer-, Tablet- oder Fernsehbildschirme. Dimme das Licht, lies ein Buch oder tu etwas anderes, das dich zur Ruhe kommen und entspannen lässt.

- Für einen optimalen Schlaf empfiehlt es sich, dass du deine letzte Mahlzeit vier bis sechs Stunden vor dem Zubettgehen einnimmst. So muss dein Körper die Nahrung nicht in der Nacht verarbeiten und kann sich ganz auf die Zellreparatur und Regeneration konzentrieren.
- Treibe 30 Minuten am Tag Sport. Denke aber daran, diese Sporteinheit nicht später als 2 - 3 Stunden vor dem Schlafengehen in deinen Tag einzuplanen.
- Versuche, Koffein und Nikotin zu vermeiden. Auch in bestimmten Teesorten und Schokoladen ist Koffein enthalten. Hast du schon gewusst, dass eine Tasse eines koffeinhaltigen Getränkes deinen Organismus bis zu acht Stunden lang beschäftigt? Wenn du am späten Nachmittag Kaffee trinkst, erschwert das dein Einschlafen. Nikotin wirkt außerdem sehr stimulierend auf deinen Organismus. Überdies sorgt es für einen leichteren Schlaf und der Nikotinentzug am Morgen kann ein früheres Aufwachen auslösen.
- Verzichte auf Alkohol, bevor du ins Bett gehst. Ein Glas Wein am Abend kann das Einschlafen erleichtern (was ausdrücklich keine Empfehlung von mir ist). Aber sobald es mehr wird, verhindert der Alkohol den tiefen REM-Schlaf, verändert die Atmung während des Schlafes und kann Ursache für eine Unterbrechung mitten in der Nacht sein.
- Vermeide große Mahlzeiten und Getränke vor dem Schlafen. Ein Glas Wasser vor dem Schlafengehen ist gut für deinen Körper, aber ein halber Liter oder mehr sorgt dafür, dass du nachts aufstehen und zur Toilette musst. Mahlzeiten, die nur wenige Stunden vor dem

Einschlafen gegessen werden, verschlechtern ebenfalls den Schlaf.

- Verwende, wenn möglich, nur Medikamente, die deinen Schlafrhythmus nicht beeinflussen. Einige bekannte Medikamente gegen hohen Blutdruck, Asthma, Allergien oder auch Erkältungsmittel, haben einen negativen Einfluss auf den Tiefschlaf. Besprich die Einnahme und mögliche Nebenwirkungen mit deinem Arzt.
- Mache nach fünfzehn Uhr keine Nickerchen mehr. Wenn du das Gefühl hast, in der vorherigen Nacht nicht genügend Schlaf bekommen zu haben, plane deine Nickerchen am besten vormittags ein.
- Entspanne dich vor dem Zubettgehen. Hör dir Musik an, die dich beruhigt, lies ein gutes Buch oder massiere dich mit angenehmen duftenden Ölen. All diese Aktivitäten helfen deinem Nervensystem beim Entspannen und Zurruhekommen.
- Sorge dafür, dass dein Schlafzimmer ausreichend dunkel, kalt und möglichst frei von elektronischen Geräten ist. Was meine ich mit ausreichend dunkel? Studien haben Folgendes ergeben: Es sollte so zappenduster in deinem Schlafzimmer sein, dass du vom Bett aus nicht die Tür sehen kannst, auch wenn dein Schlafraum sehr klein ist. Ist es zu hell, stört das deinen Schlaf. Verwende zur Not eine Schlafmaske.
- Schaffe alles aus deinem Schlafzimmer hinaus, was dich ablenken könnte. Dazu gehören Fernseher, Laptop, Computer und auch dein Handy. Schalte es zumindest auf den Flugmodus, während du schläfst, wenn du im Bett schon nicht darauf verzichten möchtest.
- Die perfekte Schlaftemperatur liegt für Erwachsene zwischen fünfzehn und achtzehn Grad, für Kleinkinder zwischen achtzehn und neunzehn Grad.

- Achte außerdem darauf, dass du keine unnötigen Störgeräusche in deinem Schlafraum hast. Greife auf Ohrstöpsel zurück, wenn dein Partner oder deine Partnerin unglücklicherweise schnarcht.
- Nimm ein warmes Bad vor dem Schlafen. Wenn du aus der Wanne steigst, sinkt deine Körpertemperatur ab. Das hilft deinen Zellen dabei, sich zu entspannen und auf den Schlaf vorzubereiten.
- Achte auf das richtige Sonnenlicht. Auch Tageslicht reguliert deinen Schlafrhythmus. Setze dich mindestens dreißig Minuten am Tag natürlichem Sonnenlicht aus. Ideal wäre am Morgen. Im besten Falle wachst du mit der Sonne auf. Ist dies nicht möglich, umgib dich morgens mit sehr hellem, künstlichem Licht.
- Liege nicht wach im Bett. Laut Matthew Walker ist es am besten, nach zwanzig Minuten des erfolglosen Einschlafens aus dem Bett aufzustehen und eine entspannende Tätigkeit zu verrichten. Seinen Forschungen nach, führt das wache Imbettliegen vermehrt zur Verstärkung von Ängsten nicht einschlafen zu können und erschwert dieses so nur noch zusätzlich.

Weitere Tipps für einen guten und gesunden Schlaf, die dein Stresslevel am Tag niedrig halten:

- Sorge stets dafür, dass du genügend Sauerstoff in deinem Schlafraum hast. Wenn es draußen sehr kalt ist, lüfte vor dem Schlafengehen.
- Beschaffe dir eine gute Matratze, die nicht zu weich und auch nicht zu hart ist. Streite und arbeite nicht in deinem Schlafzimmer – dein Gehirn assoziiert diesen Ort der Ruhe ansonsten mit Stress.

- Schaue dir kurz vor dem Zubettgehen keine stressauslösenden Filme oder Nachrichten an. Vermeide Konfliktgespräche.

„Je kürzer du schläfst, desto kürzer ist deine Lebensspanne.“ Diese alte Weisheit gilt es wegen der heutigen Reizüberflutung besonders zu beachten.

WEIL DEINE ZEIT DIR GEHÖRT

Zeitmangel ist einer der größten Stressfaktoren überhaupt. Wenn du so viel auf deiner To Do Liste hast, dass du von einem Termin zum nächsten hetzt, entsteht Druck. Kurzzeitig magst du diesem standhalten, aber irgendwann stellt sich ein Ich-kann-nicht-mehr-Gefühl ein. Du sehnst dich nach einem Ausgleich. Nach einer „Belohnung“ für das hohe Stresslevel. Besonders, wenn du bewusst oder unbewusst davon ausgehst, dass du zwar kurz verschnaufen kannst, sich an den stressvollen Rahmenbedingungen jedoch so bald nichts ändert. Wenn du ständig beschäftigt bist und obendrein noch das Gefühl hast, dir diese Beschäftigungen nicht freiwillig ausgesucht zu haben, lebst du ein Leben in Gefangenschaft. Das wiederum lässt dauerhafte unterschwellige Unzufriedenheit entstehen und treibt dein Cortisollevel auf immer neue Spitzenwerte hoch.

Mache dir die Zeitfresser in deinem Leben bewusst! Womit verbringst du die meiste Zeit deines Tages? Mit welchen Aktivitäten oder Menschen verbringst du deine Zeit, die dich im Anschluss ausgelaugt und erschöpfter als zuvor zurücklassen?

Hast du schon einmal darüber nachgedacht, was du mit deinem Leben anstellen würdest, wenn du alle Zeit der Welt hättest? Falls nicht, dann ist jetzt eine gute Gelegenheit dazu. Stelle dir einmal vor, du hättest keine Geldsorgen und dir würde es auch ansonsten an nichts fehlen. Wahrscheinlich würdest du dich erst einmal austoben und dir dieses oder jenes gönnen. Male dir das ruhig aus. Dann kommt irgendwann der Tag, an dem du alles erlebt und dir geleistet hast, von dem du immer schon geträumt hast. Was machst du dann, um dein Leben auszufüllen und ihm einen Sinn zu geben? Schreibe alle Gedanken, die dir dazu einfallen, jetzt in dein Ernährungstagebuch unter den letzten Siebentagesblock.

Überlege jetzt, was du tun würdest, wenn du nur noch ein einziges Jahr zu leben hättest. Mit welchen Menschen und Aktivitäten würdest du deine Zeit verbringen? Schreibe auch das jetzt auf.

Gibt es Überschneidungen mit deinen Überlegungen, die vorherige Aufgabe betreffend?

Wende dich nun noch einmal deinem momentanen Leben und der Art und Weise zu, wie du deine Zeit verbringst. Notiere, welche zwei Veränderungen du in den kommenden sieben Tagen in deinem Leben vorantreiben wirst, um mehr Zeit für dich und das, wonach du dich wirklich sehnst zu schaffen. Zeit ist die wichtigste Währung, die du in diesem Leben hast. Sie ist wichtiger als Geld und wenn du das Gefühl hast, in deinem Leben frei über sie bestimmen zu können, hast du wenig Stress.

Power-Aufgabe 12: Ich lade dich dazu ein, dir ab heute in jeder Woche bewusst die Zeit für ein Date mit dir selbst zu nehmen. Dieses Date sollte mindestens eine Stunde lang andauern, gerne länger. Du kannst während dieser Zeit alles machen, worauf du Lust hast und was dir wirklich gut tut. Dies könnte zum Beispiel ein Spaziergang in der Natur sein, bei dem du bewusst die Gerüche und Geräusche des Waldes wahrnimmst. Spüre nach, wie sehr dich die Energie der Pflanzen um dich herum und die frische Luft belebt. Genauso könntest du dir ein gutes Buch nehmen, dich zusammen mit einer Tasse heißen oder kalten Tee in einen bequemen Sessel setzen und lesen. Oder du fängst endlich mit dem Zeichnen oder einem anderen Hobby an, das du schon so lange beginnen wolltest. Auch das Zubereiten einer gesunden und leckeren Mahlzeit kann zu deinem Date mit dir selbst gehören.

Wichtig ist nur, dass du diese Zeit wirklich allein verbringst und dich selbst behandelst, als wärest du genau der Mensch, mit dem du in diesem Moment unbedingt zusammen sein willst. Schalte dein Handy während dieser Zeit ab, zieh den Stecker deines Festnetzanschlusses heraus und halte dich am besten auch von deinem Computer, Laptop oder Tablet fern. Denn diese Zeit, dieses Date, gehört allein dir. Sei es dir wert und schenke dir deine volle Aufmerksamkeit! Halte deine Erfahrungen und Eindrücke von dem Date in deinem Soul- und Ernährungstagebuch fest.

MEDITATION

Dass Meditation eine Vielzahl an mentalen, emotionalen und physischen Vorteilen mit sich bringt, ist wissenschaftlich bewiesen. Für die dauerhafte Heilung von deiner Essstörung stellt sie ein bedeutsames Werkzeug dar. Wenn du meditierst, lernst du, dich von den äußeren Reizen aus deinem Umfeld abzukoppeln und den Blick nach innen zu richten. Du bekommst ein anderes, besseres und umfassenderes Bild von deinem Innenleben, wirst feinfühliger und erfährst eine neue Tiefe im Sein. Wenn du bisher noch nie etwas mit Meditation am Hut hattest, dann klingen diese Worte vielleicht etwas weit hergeholt für dich.

Trotzdem bitte ich dich: Sei einfach offen für die Möglichkeit. Du musst nicht von heute auf morgen zum Meditationsmaster werden, der jeden Tag eine Stunde meditiert. Für den Anfang reichen bereits fünf Minuten morgens und abends aus. Du wirst erstaunt sein, welchen großen Beitrag diese einfache Praxis zu deinem Wohlbefinden und der Stressreduktion in deinem Leben leisten wird.

WAS SIND DIE VORTEILE VON MEDITATION?

Meditation reduziert nachweislich Angststörungen, Stress, Depressionen und Schlafstörungen. Sie fördert das Glücksempfinden, das positive Denken, die zwischenmenschlichen Beziehungen, kognitive Fähigkeiten, das Immunsystem und das allgemeine Leistungsvermögen.

Außerdem verringert sie das Risiko von Herzerkrankungen, lindert Schmerzen und hilft dabei, neue Gewohnheiten zu integrieren und alte abzulegen – wie mit dem Rauchen aufzuhören, abzunehmen etc. Die Wirkung von Meditation ist schon lange wissenschaftlich belegt. Zum Beispiel haben Forschende des Neuroimaging an der Universität Gießen festgestellt, dass bestimmte Gehirnbereiche durch wiederkehrendes achtsames Meditieren dauerhaft verändert werden.

Es gibt viele verschiedene Meditationstechniken. Nachfolgend stelle ich dir einige vor. Wie schon bei den Pattern Interrupt suchst du dir einfach die heraus, die für dich am besten funktioniert und mit der du dich am wohlsten fühlst. Das kann an manchen Tagen je nach Stimmung variieren. Deshalb ist es gut, wenn du gleich ein ganzes Arsenal an unterschiedlichen Techniken beherrschst und anwenden kannst.

Bei geführten Mediationen hörst du auf Anweisungen von einem erfahrenen Meditierenden, einem Lehrer oder Coach. Bei nicht geführten Meditationen führst du die Meditation so aus, wie du sie für richtig hältst und empfindest. Viele Menschen beginnen zunächst mit geführten Meditationen und wechseln später zu nicht geführten Meditationen, wenn sie sich sicher genug fühlen. Du kannst das jedoch auch umgekehrt machen. Als ich selbst im Alter von siebzehn Jahren mit der Praxis der Meditation begann, mochte ich es zum Beispiel überhaupt nicht, über Audiodateien Anweisungen zu bekommen. Diese Führung hat mich stets „rausgebracht" und hat einen starken inneren Widerstand in mir ausgelöst. Deshalb habe ich anfangs hauptsächlich mit der Atemmeditation und später vermehrt mit Binaural Beats gearbeitet. Inzwischen, nach beinah zwei Jahrzehnten der Praxis sind mehr als die Hälfte meiner Meditationen geführt.

Es sei dazu gesagt, dass im Alltag alles, jede noch so kleine oder große Handlung, zu einer Meditation werden kann. Die einzige Voraussetzung dafür ist, dass du die jeweilige Aktivität absolut bewusst ausführst. Da wir in unserem Zeitalter inzwischen nahezu rund um die Uhr von den verschiedensten Reizüberflutungen umgeben sind, empfiehlt sich die Meditation in der Stille jedoch besonders.

Denke beim Meditieren also daran, dass du dich in einem ruhigen Raum befindest, indem du dich sicher fühlst und ungestört bist. Schalte alle möglichen Störquellen wie Handy, Telefon, Fernseher, Computer etc. ab. Sorge für eine gute Luftqualität. Nimm eine bequeme Haltung ein. Beginne im Sitzen oder im Liegen. Allerdings funktioniert letzteres nur, wenn du nicht dazu neigst, während der Meditation einzuschlafen.

Es gibt Meditationen, bei der du deine Aufmerksamkeit auf etwas Bestimmtes richtest. Das kann dein Atem oder die Flamme einer Kerze sein. Auch ein bestimmtes Wort, ein Symbol oder ein Ton kann diesen Zweck erfüllen. Durch diesen scharfen und zentrierten Fokus, kommt dein Geist zur Ruhe.

Dann gibt es Mediationen, in denen dein Schwerpunkt offen und unfokussiert ist. Wenn du Anfänger im Bereich der Meditation bist, mag dir diese Methode zunächst schwierig erscheinen. Um die Technik möglichst gut zu beschreiben, wird häufig eine bestimmte Szene als Beispiel benutzt: Schließe deine Augen und stelle dir vor, dass du an einem ruhigen Flussufer sitzt. Der Fluss, das Gras, das dich umgibt und die gesamte Umgebung sind ein weiter Raum, der deinen Geist darstellt. Dann taucht ein Gedanke auf, du nimmst ihn wahr, betrachtest ihn, ehe er wie das Wasser vor dir im Fluss an dir vorbeizieht. Der nächste Gedanke taucht auf, du bemerkst ihn, siehst ihn an und lässt ihn anschließend ebenfalls vorbeiziehen. Dein Bewusstsein ist weit, du nimmst die Position eines Beobachters ein. Du bist ruhig wie das Meer und die Gedanken in deinem Kopf sind anrollende Wellen, die brechen und danach wieder kleiner werden, bis sie verschwinden.

Genau wie beim Beispiel geführte und nicht geführte Meditation kann es auch hierbei sein, dass ausgerechnet dir die Methode gleich zu Beginn leichter fällt, mit der viele andere Menschen anfangs ihre Schwierigkeiten haben. Höre auch hier wieder auf deinen Bauch und mache es so, wie es sich für dich richtig anfühlt.

Bei der Meditation gibt es keinen Erfolg oder Misserfolg. Sie ist weder gut noch schlecht, sie ist einfach das, was sie ist. An manchen Tagen tauchen in dir sehr viele Gedanken und Gefühle auf, sodass die Phasen, in denen du bei deinem Atem bist, eher kurz sind. An anderen Tagen ist dein Geist stiller und auch deine Emotionen sind womöglich bereits zu Beginn der Praxis deutlich ruhiger. Auch das ist in Ordnung und normal. Verurteile dich also nicht, bewerte nicht und nimm einfach nur wahr. Das ist Meditation. Allein durch das bewusste Wahrnehmen schaffst du die so dringend notwendige Verbindung zu dir, stärkst sie und wirst dir ihrer wieder bewusst, damit du deinen Alltag auf eine gesunde und bereichernde Weise meistern kannst.

Dein Inneres ist so viel weiser, als du vielleicht glaubst. Wenn dir deine unbewussten Emotionen und Gedanken bewusstwerden, eröffnet sich dir ein völlig neuer Handlungsspielraum. Du lernst dich und deine Bedürfnisse besser kennen, spürst genau, wann dir etwas zu viel ist und weißt, was du tun musst, um dir echte Liebe und Aufmerksamkeit zu schenken. Das sind einige der wichtigsten Zutaten für Zufriedenheit, Resilienz und innere Stärke.

DIE ATEMMEDITATION

Bei der Atemmeditation richtest du deine Aufmerksamkeit auf deinen Atem. Es geht dabei nicht darum, dass du deinen Atem lenkst und Einfluss auf ihn nimmst. Stattdessen lenkst du einfach deinen Fokus auf das Ein- und Ausatmen. Das kannst du mit offenen oder geschlossenen Augen machen. Wenn du deine Augen offen hast, kannst du wahrnehmen, wie sich deine Bauchdecke während des Atmens hebt und wieder senkt. Du kannst dich auch darauf konzentrieren, wie sich deine Nasenflügel blähen und wieder zusammenziehen. Oder auf das Weitegefühl in deinem Brustkorb. Die Atemmeditation zählt, wie bereits im Einleitungsteil erwähnt, zu den Mediationen mit zentriertem Fokus. Man nennt sie auch Achtsamkeitsmeditation. Wenn du dich mit Zahlen wohlfühlst, kannst du bei dem konzentrierten Atmen auch dazu übergehen, deine Atemzüge still im Geiste zu zählen.

Es ist kein Anlass zur Sorge, wenn du während dieser Konzentration immer mal wieder mit deinen Gedanken abschweifst. Sobald du dieses Abschweifen bemerkst, beginnst du einfach wieder von Neuem mit dem Zählen oder dem Zentrieren deiner Aufmerksamkeit auf deinen Bauch, deine Nasenflügel oder die Atemzüge an sich. Die Beobachtung deines Atems sorgt für Abstand zu deinem Alltag, zu aufreibenden Gefühlen und Gedanken. Ähnlich wie beim Pattern Interrupt schaffst du eine Lücke und damit Raum für Entfaltung und für Heilung.

Genaue Meditationsanleitung:

- Begib dich in eine bequeme Sitz- oder Liegeposition.
- Atme dreimal tief durch die Nase ein und durch den Mund wieder aus. Denke daran, tief in den Bauch statt in den Brustkorb zu atmen.
- Sage dir still oder laut: „Ich bin es mir wert, zur Ruhe zu kommen und einfach zu existieren."
- Richte deine Aufmerksamkeit auf deinen Atem. Mit oder ohne Zählen.
- Nimm außerdem all die Gedanken und Gefühle (ohne sie zu verurteilen) wahr, beobachte sie und lasse sie los, indem du deinen Fokus wieder auf deine Atmung richtest. Wiederhole diesen Vorgang so oft wie nötig.

Es reichen bereits fünf bis zehn Minuten der Meditation am Tag aus. Du kannst deine Meditation jedoch auch auf zwanzig bis hin zu fünfundvierzig Minuten oder mehr ausdehnen. Mit der Zeit wird es dir zunehmend leichter fallen, dich zu entspannen und deine ratternden Gedanken loszulassen.

DIE METTA-MEDITATION

Die Metta-Meditation kommt aus dem Buddhismus und steht für liebende Güte. Genau wie die Atemmeditation richtest du auch bei dieser deine Aufmerksamkeit auf etwas Bestimmtes. Metta bedeutet übersetzt „selbstlos“. Im Zusammenhang mit der Meditationspraxis bedeutet es selbstlose Liebe, Freundschaft und Freundlichkeit. Nimm dazu wieder eine bequeme Haltung ein und schließe deine Augen. Atme dreimal bewusst durch die Nase ein und durch den Mund wieder aus. Konzentriere dich anschließend auf dein Herz, stelle dir vor, wie deine Atmung als warmer Lichtstrahl in einer Farbe deiner Wahl in dein Herz eindringt und ausgehend von dem Organ wieder in die Welt hinausströmt. Genieße dieses Gefühl einige Atemzüge lang.

Sende dir im Anschluss daran liebende Güte. Spüre diese Güte so gut es dir im jeweiligen Augenblick möglich ist. Denke dann an Menschen, die du liebst und sende ihnen ebenfalls liebende Güte. Gehe danach zu Bekannten über und schließlich zu Personen, die du nicht leiden kannst und ablehnst. Lasse auch ihnen liebende Güte und Mitgefühl zukommen.

Bleibe bei dem Aussenden dieser Güte stets konzentriert. Bei dieser Meditation ist es das Ziel, dass du bewusst Liebe an alle Lebewesen sendest. Indem du Liebe auch an diejenigen aussendest, die vielleicht sogar deine Feinde sind, tust du dir selbst etwas Gutes. Denn alle Gefühle erwachsen aus dir heraus, sie sind in dir, werden von dir und deinen Zellen wahrgenommen und haben eine Auswirkung auf sie. Auch diese Meditation verbessert nachweislich die Beziehung zu dir selbst und zu anderen.

DIE BODY SCAN MEDITATION

Die Body Scan Meditation funktioniert ähnlich wie die Atemmeditation. Bei dieser Meditationspraxis fokussierst du dich jedoch nicht auf deinen Atem, sondern nacheinander auf deine Körperteile. Du könntest zum Beispiel bei deinem kleinen Zeh beginnen, zu deinen anderen Zehen übergehen, dann zu deinem ganzen Fuß, über dein Bein usw. Du kannst diese Meditation mit offenen oder geschlossenen Augen durchführen. Für ein intensiveres Erlebnis empfehle ich jedoch, die Augen zu schließen.

Als ich vor vielen Jahren einmal auf Bali war und mit meinem Partner an einer geführten Meditation von einem indischen Meditationslehrer teilgenommen habe, durfte ich eine besondere Intensität dieser Praxis wahrnehmen. Der Lehrer wies uns an, unsere Aufmerksamkeit erst einmal nur in die linke Körperhälfte zu richten, nacheinander, ein Teil nach dem anderen. Danach sagte er, wir sollten nun einmal den Unterschied zur rechten Körperhälfte fühlen. Tatsächlich fühlte diese sich im Vergleich zu der linken eiskalt an. Die Temperatur im Raum betrug über fünfundzwanzig Grad.

Unsere Körperzellen sind lebendig. Genau wie alles andere in der Natur reagieren sie auf Schwingungen. Schwingungen gleich Energie, Energie gleich der Stoff, aus dem alles in unserem Universum besteht. Auch deine Aufmerksamkeit, dein Bewusstsein sendet Schwingungen aus und steht in ständiger Kommunikation mit deinem Körper und deinen Zellen.

Wenn du deine Aufmerksamkeit bewusst auf deine Körperteile richtest, spüre einfach, wie sie sich von innen anfühlen. Hierbei gibt es ebenfalls kein richtig oder falsch, fühle einfach und nimm den Raum in dir wahr. Du kannst beim Kopf oder bei den Füßen beginnen.

Es gibt noch viele, viele andere Meditationstechniken. Zum Beispiel Visualisierungsmeditationen, bei denen du dir etwas

Bestimmtes vor deinem inneren Auge ausmalst. Das könnte zum Beispiel eine Kugel aus Licht sein, die dich umgibt und dir heilsame Energie zukommen lässt. Du könntest dir auch vorstellen, dass du dich in einem Raum befindest und alle negativen, störenden und aufreibenden Gedanken und Gefühle in ein Loch im Fußboden steckst, das du anschließend mit einer Klappe verschließt. Danach visualisierst du, wie diese negativen Gedanken und Gefühle mit dem Erdboden verschmelzen und sich so wieder in den Kreislauf des Lebens vermischen, aus dem Neues entsteht. Des Weiteren gibt es Klangmeditationen, Dankbarkeitsmeditationen oder Meditationen aus dem Kundalini Yoga uvm. Suche dir einfach die aus, die dir am meisten zusagen.

BINAURAL BEATS

Binaural Beats eigenen sich ebenfalls hervorragend zum Entspannen und zum Transformieren von Stress in beruhigende Energie.

Um **Binaural Beats** wahrnehmen zu können, benötigst du Kopfhörer. Werden deine Ohren jeweils mit einem Schall von leicht unterschiedlicher Frequenz bespielt, entsteht eine weitere Wahrnehmung. Dabei wird der unterschiedliche Schall meist mit normaler, entspannender Musik oder bestimmten Klängen vermischt und soll es deinem Gehirn erleichtern, in den jeweils angestrebten (Entspannungs-)Zustand zu gelangen. Einzig für Menschen mit Epilepsie werden Binaural Beats ausdrücklich nicht empfohlen.

Du findest Binaural Beats kostenlos auf Youtube und einigen weiteren Onlineplattformen.

ÜBER GEFÜHLE REDEN UND DIE KONFLIKTLÖSUNGSFÄHIGKEIT VERBESSERN

Du kennst das: Ein Streit mit einem Familienangehörigen oder einer Kollegin auf der Arbeit begleitet dich noch Tage danach. Insgeheim wünschst du dir, du hättest lieber dieses oder jenes gesagt, dir fallen noch zig bessere Argumente ein und überhaupt – weshalb warst du nicht einfach offener und hast deine wahren Gefühle offen ausgesprochen?

Situationen wie diese sind nicht selten Auslöser von Frustfressen, bis hin zu ausgewachsenen Essattacken. Wenn du das Gefühl hast, dich in sozialen Situationen nicht behaupten zu können und oder dein authentisches Selbst verstecken zu müssen, führt das immer zu angestauten Emotionen und Stress. Leicht wird das Leben, wenn du so viel innere Stärke entwickelt hast, dass du dich unabhängig von der Gesellschaft anderer stets wie du selbst und mit deinen Gefühlen verbunden fühlst. Du redest anderen nicht mehr nach dem Mund, stehst mutig für deine Bedürfnisse ein und teilst offen deine Meinung zu bestimmten Themen. Wenn du nicht auf der gleichen Wellenlänge mit bestimmten Personen bist, kannst du dies hinnehmen, ohne deshalb an dir selbst zu zweifeln oder dich zum Zweck der Anpassung zu verbiegen.

Natürlich kannst du alle möglichen Kommunikationstechniken lernen. Du kannst dich mit dem Lesen von Mikroexpressionen deines Gegenübers beschäftigen, Techniken für ein selbstbewusstes Auftreten, wie du am besten Small Talk hältst oder gewaltfrei kommunizierst lernen. Daran ist nichts verkehrt. Dieses Wissen und seine Umsetzung in die Praxis werden dein soziales Leben garantiert bereichern, lebendiger machen und dir ein Gefühl von Kompetenz vermitteln.

Trotzdem kann es eines nicht ersetzten: Dein Selbstwertgefühl. Schätzt du dich selbst, ist es völlig in Ordnung für dich, wenn du nicht bei jedem Thema mitreden kannst. Selbst wenn du dich in einem Konfliktgespräch einmal falsch verhalten hast, machst du dir hinterher keine Vorwürfe deswegen und schwelgst nicht in Schuldgefühlen. Stattdessen erkennst du dein Fehlverhalten an und nimmst dir vor, es beim nächsten Mal besser zu machen. Du bringst den Mut auf, mit dem anderen Menschen offen und ehrlich zu sprechen – egal, ob es um eine Entschuldigung deinerseits geht oder darum, dass du die Art und Weise, wie er oder sie mit dir umgeht, nicht länger akzeptierst.

Auch wenn du viel Selbstbewusstsein hast und dich aufrichtig liebst, können Gespräche dieser Art schwierig sein. Als Menschen sind wir immer darauf aus, Schmerz zu vermeiden – körperlich, psychisch und emotional. Aber wenn du ein bewusstes Leben führst, weißt du, dass ein vor sich hin gärender, unabgeschlossener Konflikt dir auf lange Sicht sehr viel mehr Schmerz bereiten wird als die offene Konfrontation.

Fühlst du dich in sozialen Situationen sicherer, vermindert dies mit großer Wahrscheinlichkeit das Verlangen in dir, deine Probleme mithilfe von unkontrolliertem Essen zu kompensieren. Falls du von Natur aus eher introvertiert und schüchtern bist, musst du nicht mit Gewalt versuchen, extrovertiert zu werden. Es gilt, einen Rahmen zu finden, in dem du immer noch du sein kannst (und das mit Stolz), aber trotzdem auf eine authentische Weise in Kontakt mit der Welt und deinen Mitmenschen bist. Du musst keine Quasselstrippe sein, um in den bedeutsamen Momenten zu sagen, was du wirklich denkst und was dir wichtig ist.

Auf spiritueller Ebene passt das Gefühl „Dinge immer runterschlucken zu müssen“ sehr gut mit der Ausprägung einer Binge-Eating-Störung zusammen. Außerdem baut sich durch dieses Zurückhalten deines wahren Selbst, deiner Überzeugungen oder deiner Gefühle Druck auf, der irgendwie wieder abgebaut werden möchte. Ein Essanfall schafft da rasch Erleichterung.

Das muss nicht so sein!

Identifiziere die sozialen Momente, in denen du etwas zurückhältst, nicht ehrlich zu anderen oder dir selbst bist, dich nicht traust etwas zu sagen, die Konfrontation zu suchen oder für eine Sache einzustehen durch das bewusste Erleben deines Alltages. Genau wie bei einem Binge-Eating-Anfall ist es nötig, diese Augenblicke erst einmal wahrzunehmen. Erst durch das Bewusstsein für sie entsteht ein Raum, in dem du nach und nach etwas an deinem automatisierten Verhalten ändern kannst.

WEITERE STRESSLÖSENDE KOMPONENTEN UND WUNDERMITTEL

Schon ein kurzer Spaziergang in der Natur kann spürbar dabei helfen, dein Cortisollevel zu verringern und dich zu entspannen. Er stellt einen wunderbaren Ausgleich zum hektischen Alltag dar, hilft dir abzuschalten und deine Aufmerksamkeitsspanne zu vergrößern.

Außerdem trägt tägliches Erden zu einem langen, gesunden und relaxten Leben bei. Erden meint, dass du jeden Tag mindestens dreißig Minuten lang barfuß im Gras, am Strand, auf einem Stück Waldboden oder auf einem anderen Stück Erde stehst und oder gehst. Teerbelag funktioniert laut verschiedenen Studien nicht so gut. So stellst du den natürlichen, magnetisch-elektrischen Zustand des Körpers wieder her. Der Wissenschaftler und Urvater der modernen Erdungsforschung Clint Ober, hat dazu besonders viel geforscht.

Meerwasser funktioniert sogar noch besser und weitaus schneller, wenn es ums GROUNDING geht, weil es direkt mit dem Erdmagnetfeld verbunden ist. Dazu kommt, dass es deinen Körper wieder mineralisiert und regelrecht mit Energie auflädt. Auch Schwimmen, Planschen oder ein wohliges Schaumbad zu Hause helfen, deinen Stresspegel zu reduzieren. Vielleicht hat diese Auswirkung auf uns seine Ursache darin, dass wir im Grunde alle aus dem Meer kommen – wer weiß. Jedenfalls hilft die Natur genauso wie Wasserrauschen und das Sichimwasserbewegen gegen Stress.

Rund siebzig Prozent des Planeten Erde sind mit Wasser bedeckt. Als Menschen bestehen wir ebenfalls zu über siebzig Prozent aus Wasser. Laut des Meeresbiologen Wallace Nichols löst diese tiefgreifende biologische Verbindung im menschlichen Gehirn eine sofortige Reaktion aus, sobald es sich in unmittelbarer Nähe von Wasser aufhält. Seinen und anderen Forschungen zufolge löst bereits das Hören von Wasser eine Kaskadenreaktion in unserem Inneren aus, welche die Blutzirkulation und das Ausschütten von Glücksbotenstoffen auslöst. Die Studien des Psychologen Florian Schmid-Höhne haben ergeben, dass wir uns in der Nähe vom Meer, einem See oder einem Fluss selbst besser wahrnehmen. Außerdem laden wir so unsere Energiespeicher leichter wieder auf.

LERNE NEIN ZU SAGEN

Gehörst du auch zu den Menschen, denen es unangenehm ist, einem anderen einen Wunsch abzuschlagen? Oder aufrichtig zu sagen, wenn sie auf eine Feier keine Lust haben? Schließlich wurdest du ja eingeladen, was wird der oder die andere von dir denken, wenn du jetzt noch absagst und nicht kommst? Niemand enttäuscht einen anderen gern. Wir sind alle mitfühlende Wesen. Wenn du nicht gerade ein Psychopath bist, dann sind dir die Gefühle deiner Mitmenschen nicht egal.

Aber wenn du zu allem und jedem immer nur Ja in deinem Leben sagst, brennst du verdammt schnell aus. Nein sagen zu können, bedeutet mehr Freiheit im Leben zu haben und im Umkehrschluss weniger Stress. Überlege bei der nächsten Einladung zu einem Geburtstag oder einer anderen Veranstaltung, ob du wirklich Lust darauf hast. Es ist gut möglich, dass du eigentlich mal wieder Zeit für dich brauchst oder viel lieber etwas anderes machen möchtest.

Veit Lindau schreibt in seinem Bestseller „Seelengevögelt", dass einem am Ende des eigenen Lebens niemand auf die Schulter klopft und einen dafür beglückwünscht, dass man sich immer so schön angepasst hat. Dieser Meinung bin ich auch. Dein Leben, deine Zeit und deine Aufmerksamkeit sind kostbar. Gehe nicht verschwenderisch mit diesen Geschenken um, nur um bei den anderen ja nicht anzuecken. Wenn du kein Interesse an einer bestimmten Party hast, dann stehe dazu, sage es offen und stelle etwas anderes, Erfüllenderes mit deiner Zeit an.

Wenn ein Bekannter oder eine Bekannte dringend deine Hilfe benötigt, dann sei für ihn oder sie da – solange deine eigenen Energiereserven gerade voll sind. Verlässlichkeit ist wichtig. Aber falls du selbst gerade auf dem Zahnfleisch gehst, schalte mal einen Gang zurück und lass den oder die Fragende wissen, dass es dieses Mal nicht geht, du jedoch demnächst gerne wieder behilflich bist. Dafür wird dir niemand den Kopf abreißen und dich für egoistisch halten. Es gibt einen Grund, weshalb man im Flugzeug bei der Sicherheitseinweisung erst einmal dazu angehalten wird, sich selbst die Maske aufzuziehen, bevor man einem anderen hilft. Wenn man nämlich ohnmächtig wird, während man einem anderen zu helfen versucht, stirbt man und kann sich auch nicht mehr um seine Mitreisenden kümmern – wohingegen man vielen helfen kann, wenn man erst einmal für sich selbst gesorgt hat. Du verstehst, worauf ich hinaus möchte? Also, trau dich nein zu sagen!

DEINE MISSION – WARUM DU HIER BIST

Ein weiterer, sehr großer Stressfaktor in deinem Leben kann deine Arbeit sein. Falls du das Gefühl hast, jeden Tag, Woche für Woche, Monat für Monat und Jahr für Jahr unzählige Stunden mit einer Beschäftigung dein Geld zu verdienen, die dir im Grunde keine Freude macht, bist du dauergestresst.

Bei jeder noch so schönen Arbeit gibt es immer mal wieder Aufgaben, die nerven können und weniger Spaß machen. Aber der überwiegende Anteil deiner Tätigkeiten sollte dich erfreuen und mit Sinn erfüllen. Sei es dir wert, dein Geld mit etwas zu verdienen, das dein Herz höherschlagen lässt und dir Freude schenkt!

EIGENE WERTE ERKENNEN

Dein Leben wird leichter und entspannter, wenn du deine eigenen Werte kennst. Weißt du zum Beispiel, dass dir Freiheit, Authentizität und Mitgefühl besonders wichtig sind, kannst du sehr schnell sagen, ob jemand als Freundin, Geschäfts- oder Lebenspartner gut zu dir passt oder eher nicht. Genauso verhält es sich mit Aktivitäten oder der Wahl deines Berufes. Sich über die eigenen Werte im Klaren zu sein und nach ihnen zu leben, macht das Dasein freudvoller und angenehmer. Du weißt, was du willst und was du nicht willst, was dir wichtig ist und was du brauchst, um zufrieden zu sein. So einfach sich das anhört – vielen Menschen sind diese Dinge nicht bewusst. Mach doch einmal den Test und bitte eine Freundin oder einen Bekannten, sie oder er solle dir spontan seine drei Kernwerte nennen.

ENERGIELIEFERANTEN UND ENERGIEFRESSER

Frage dich in regelmäßigen Zeitabständen, welche Menschen oder Tätigkeiten dir Energie geben und welche sie dir nehmen. Wahrscheinlich hast du auch schon einmal den Begriff „toxische Menschen" gehört und weißt, was damit assoziiert wird. Ich finde es nicht in Ordnung, Menschen oder Beziehungen als „toxisch" zu bezeichnen. In meinen Augen geht es vielmehr darum, ob andere Menschen nährend, freud- und respektvoll oder zehrend, stressvoll und zerstörerisch sind. Ein guter Indikator für die Beurteilung ist das Gefühl, dass du nach einem Treffen mit einer bestimmten Person oder nach dem Ausüben einer Aktivität verspürst.

Manchmal triggern dich Menschen und zeigen dir auf diese Weise Themen in dir, die angeschaut und bearbeitet oder anerkannt werden wollen. In der spirituellen Welt heißt es oft, der andere sei in Wahrheit bloß ein Spiegel. Diese Betrachtungsweise stimmt auf einer bestimmten Ebene. Aber sie kann auch zu destruktivem Verhalten und Einstellungen führen.

Stell dir vor, du hast einen Freund, der dich mit seinen Worten und Taten in einer Tour erniedrigt, bloßstellt und kritisiert.

Du fragst dich, weshalb diese Person in deinem Leben ist. Irgendwann fällt es dir wie Schuppen von den Augen: Er verhält sich im Grunde genau wie dein Vater. Bei ihm hast du dich früher auch nie getraut, dich zur Wehr zu setzen und hast dich stets klein und minderwertig gefühlt.

Nun könntest du zu der Annahme gelangen, dass der besagte Freund dir dieses Thema spiegelt, weil es noch unaufgelöst ist. Möglicherweise kannst du es transformieren, wenn du dich diesem „Freund" gegenüber behauptest und die zwischenmenschliche Beziehung zwischen euch „reparierst". Kurz: Du denkst, es liegt an dir, es irgendwie hinzubekommen, dass dieser Freund dich nicht mehr so behandelt. Sicherlich gibt es Fälle, in denen ein offenes Gespräch hilft. Vielleicht war es dem fiktiven Freund nicht bewusst, dass er auf solche Weise mit dir umgeht. Wäre dem so, könnte die Konfrontation die Situation auflösen und den Weg für eine andere, nahrhaftere Freundschaft bereiten. Innerlich oder auch in Worten dankst du deinem Freund, dass er dir unwissentlich dabei geholfen hat, dich noch einmal mit den Gefühlen auf deinen Vater bezogen auseinandergesetzt zu haben und endlich für dich eingestanden zu sein.

Oftmals ist es jedoch eher so, dass die Lösung des Problems und das Bearbeiten dieses Themas bedeutet, die Freundschaft aufzulösen. Denn im Kern geht es bei dieser Problematik um das Erkennen des eigenen Selbstwertes. Du würdest sicher nicht zulassen, dass jemand, den du aufrichtig liebst, schlecht behandelt wird. Genauso wenig solltest du es bei dir selbst zulassen.

Damals, als du noch jung und auf die Hilfe deines Vaters (bzw. deiner Eltern) angewiesen warst, konntest du es dir nicht aussuchen, einfach wegzugehen. Heute bist du erwachsen, unabhängig und musst dir nicht mehr alles gefallen lassen. Sich von einem Menschen abzuwenden kann also auch Ausdruck des eigenen Selbstwertes sein und trotzdem dazu anregen, über bestimmte Themen aus der Vergangenheit noch einmal gründlich zu reflektieren.

Welche Vorgehensweise du letztlich wählst, liegt bei dir. Jede Freundschaft und andere zwischenmenschliche Beziehung hat mal gute und schlechte Tage. Genau, wie du selbst mal besser und mal schlechter drauf bist. Doch die Grundwerte sollten stimmen und in Harmonie sein. Umgib dich mit Menschen, die dir guttun, Menschen, die warmherzig sind und stets dein Bestes im Sinn haben – Menschen, mit denen du dich rundum wohlfühlst.

BREATHWORK

Breathwork gehört zu den super Werkzeugen beim Biohacken. Die dabei angewandten Methoden lassen dich deinen Atem bewusster wahrnehmen und kontrollieren.

Es gibt unterschiedliche Breathworktechniken. Die **Wim-Hof**-Variante ist sicher eine der bekanntesten. Der niederländische Extremsportler Wim Hof, auch „The Iceman" genannt, hält 26 internationale Rekorde im Ertragen extremer Kälte. Er atmet zwanzig bis dreißig Zyklen ohne Pausen ein und aus. Die Ausatmung dabei sollte entspannt sein, kein Herauspressen. Das Ziel ist, mehr Sauerstoff einzuatmen als auszuatmen. Erfolgt der letzte Atemzug, soll die Luft möglichst lange angehalten werden. Wenn doch wieder geatmet werden muss, soll ein erneutes Einatmen und Anhalten der Luft zwischen fünfzehn und dreißig Sekunden erfolgen. Dieser Vorgang soll zwei bis dreimal wiederholt werden.

Durch diese Form des Breathworking wird der Sauerstoffanteil im Blut erhöht – der Blut-pH-Wert wird alkalischer. Durch die vermehrte CO2-Ausatmung kann der Atem länger als gewöhnlich angehalten werden. Insgesamt führt Breathwork dazu, dass es zu einer kurzzeitigen Hypoxie, also vermindertem

Sauerstoffgehalt im Blut kommt. Dies alarmiert das Gehirn, das wiederum dem Körper das Anschalten des Überlebensmodus signalisiert. Es entsteht eine positive Stressreaktion, die Hormone wie Adrenalin, Dopamin und Noradrenalin auslöst. Die Blutgefäße weiten sich insbesondere im Herz und im Gehirn, denn diese benötigen den meisten Sauerstoff. Insgesamt trainiert diese Methode die Belastbarkeit des Körpers und sorgt außerdem für großes Wohlbefinden und Glücksgefühle.

Einen ähnlich belebenden und glücklich machenden, wenn auch nicht ganz so intensiven und kürzer andauernden Effekt erreichst du, wenn du dreißig Sekunden lang eiskalt duschst. Kältebäder und ihre heilenden Wirkungen auf das Immunsystem und geistige Wohlbefinden erhalten in letzter Zeit immer mehr Aufmerksamkeit. Dabei ist diese Heilungsmethode schon seit Kneipp bekannt und ist selbst bei extremen Depressionen wirksam.

Schritt 3

KÖRPERLICHE BEWEGUNG IN DEN ALLTAG BRINGEN

Wenn du bisher ein absoluter Bewegungsmuffel warst, dann liest du das Nachfolgende wahrscheinlich eher ungern: Mehr Bewegung ist ein weiterer Schritt hin zu deiner Heilung. Bewegung ist ein hervorragender Ausgleich für einen anstrengenden Tag, emotionale Belastungen und Stress allgemein. Sie hilft dir außerdem dabei, wieder mehr mit deinem Körper in Fühlung zu gehen, ihn wirklich zu spüren, zu fordern und ihm Gutes zu tun.

Die überwiegende Mehrzahl an Menschen, die einmal an einer Essstörung gelitten hat, treibt seit ihrer Genesung regelmäßig Sport. Hast du in deinem Leben noch keine Sportart gefunden, die dir richtig Freude macht, fällt dir diese Vorstellung schwer. Das ändert jedoch nichts daran, dass täglicher Sport auf der geistigen, körperlichen und emotionalen Ebene das schafft, was bisher deine Esssucht für dich getan hat. Er powert dich aus, sorgt für eine anschließende Entspannung, lässt deinen Körper Glückshormone ausschütten, baut Druck ab, beruhigt dich und macht dich obendrein noch gesünder.

Das Beste: Sport weist bei richtiger Anwendung keine ungesunden Nebenwirkungen auf!

Tatsächlich ist die Bewegungsrate jedes zweiten Deutschen laut den Empfehlungen von der WHO zu gering. Dabei ist ein Mangel an Bewegung genauso schädlich wie Rauchen, Bluthochdruck, Alkoholkonsum oder Diabetes Mellitus. Wenn du mehr als acht Stunden am Tag sitzt, erhöht sich dein Sterberisiko im Vergleich zu aktiven Menschen um sage und schreibe achtzig Prozent!

Doch selbst wenn du bisher einer der größten Sportverweigerer aller Zeiten warst, sprechen deine Gene eine andere Sprache: Auch in dir steckt das Feuer eines sportfanatischen Menschen. Denn als Mensch sind deine Gene auf Bewegung programmiert! Wenn du also einmal damit angefangen und deine Ängste, Hemmungen und innerlichen Blockaden überwunden hast, wirst du schnell feststellen, wie gut dir das regelmäßige Spazierengehen, das Radfahren oder das Tanzen tut. Außerdem gleichen bereits fünf Stunden Sport in der Woche acht Stunden tägliches Sitzen aus. Das ist doch gar nicht mal so viel, oder?

Was mich bei den Recherchen zu diesem Buch selbst überrascht hat, ist, dass Stehen im Vergleich zum Sitzen keine kardiovaskulären Vorteile bringt. Falls du von zu Hause aus und viel am Computer arbeitest, wäre ein auf langsame Geschwindigkeit eingestelltes Laufband mit einer Computerhalterung vermutlich die beste Lösung.

Damit du wirklich überzeugt bist, nenne ich dir nun noch weitere, wissenschaftlich belegte Vorteile von regelmäßiger Bewegung: Du minimierst unter anderem die Risiken für Bluthochdruck, Herz-Kreislauf-Erkrankungen, Diabetes Mellitus Typ zwei, Krebserkrankungen, Osteoporose, Übergewicht, Stress und Burnout. Viel Bewegung und Sport helfen also im wahrsten Sinne dabei, dein Leben zu verlängern.

Die Wissenschaft schätzt Ausdauersport in Kombination mit Krafttraining als am zuträglichsten für die Gesundheit ein. Zu Beginn ist es jedoch am wichtigsten, dass du eine sportliche Betätigung findest, die dir Spaß macht. So bleibst du am Ball und musst dich nicht zu jeder Sporteinheit neu aufraffen. Bei mir hat es auch eine Weile gedauert, bis ich schließlich fündig geworden bin. Zwischenzeitlich dachte ich schon, dass es eine mit mir kompatible Sportart einfach nicht gibt, schon den Schulsport habe ich immer gehasst. Ich mochte zwar Bewegungsarten wie Inliner- oder Schlittschuhlaufen, aber keins von beiden ist für ein tägliches Sportprogramm geeignet, besonders, weil ich ungern bei Wind und Wetter rausgehe und als Nichtautofahrerin auf dem Land auch nicht regelmäßig zur Schlittschuhhalle komme. Aber ich habe nicht aufgegeben und siehe da – letztlich bin ich auf die eine Sache gestoßen, die meine Zufriedenheit, mein Körpergefühl und meine Fitness auf ein neues Level gehoben hat: Aerobic!

Mit Musik und anspornenden Worten von der Trainerin hinterlegt, wähle ich jeden Tag auf der Social Media Plattform Youtube eine zwanzig- bis dreißigminütige Session aus und los gehts! Angefangen habe ich mit gerade einmal zehn Minuten und war danach bereits völlig außer Puste. Doch das langsame Steigern hat geklappt und inzwischen habe ich das Gefühl, den Sport wie die Luft zum Atmen zu brauchen!

Ich möchte dich auch ermutigen, ins Fitnessstudio zu gehen, Nordic Walking zu praktizieren, was viel schonender für die Gelenke ist als zum Beispiel Joggen, Gewichtetraining zu machen, zu tanzen, Kampfsport zu betreiben oder dir eine andere Sportart zu suchen, der du regelmäßig allein oder mit anderen unabhängig vom Wetter nachgehen kannst. Für vieles gibt es Anleitungs- und Motivationsvideos auf Youtube, sodass du theoretisch nicht einmal das Haus verlassen musst, um fitter zu werden.

Wichtig ist, dass du bei deinem ausgewählten Sport auch wirklich ins Schwitzen kommst. Das bringt dein lymphatisches System in Gang und sorgt nebenbei dafür, dass du ein gesundes Gewicht aufrechterhältst. Benutze zur Umgewöhnung das zu Beginn von mir vorgestellte System zur Aneignung einer neuen Verhaltensweise:

- Bestimme deinen Auslöser (Trigger) zum Sport machen/für mehr Bewegung in deinem Leben. Dieser veranlasst dein Gehirn dazu, dein neues Routinemuster (Sport/Bewegung) anzustoßen. Das könnte zum Beispiel sein, dass du dir um eine bestimmte Uhrzeit einen Kalendereintrag oder einen Alarm mit Erinnerung in dein Handy einträgst. Super wäre es, wenn du für diese Erinnerung einen eigenen Signalton oder eine eigene Melodie auswählen würdest. Oder du legst deine Sportsachen bereits vor der Arbeit ordentlich gefaltet irgendwo hin, wo du sie sofort siehst, wenn du von der Arbeit kommst, sodass du daran erinnert wirst, danach erst einmal Sport zu machen, bevor du dich bequem auf das Sofa legst.

- Es folgt ein psychisches, physisches oder emotionales Verhalten (Routine). Du machst den von dir ausgewählten Sport für eine zuvor festgelegte Dauer. Positive, motivierende Musik, das Hören eines Podcasts oder eines interessanten Hörbuches lassen die Zeit wie im Flug vergehen.
- Eine Belohnung (Reward) erfolgt, die dem Gehirn vermittelt, dass diese Routine wertvoll ist und weiterhin wiederholt werden muss. Deine Belohnung wird auf lange Sicht ein besseres Körpergefühl, zunehmende Glücksempfindungen, mehr Gesundheit, Ausdauer, Muskeln, eine schlankere Figur, Ausgeglichenheit etc. sein. Aber um eine neue Gewohnheit gleich zu Beginn zu festigen, ist es wichtig, dass du dir unmittelbar nach dem Ausführen etwas Gutes tust, das sich für dich wie eine Belohnung anfühlt. Das könnte ein warmes Schaumbad sein, das Ansehen deiner Lieblingsserie, das Essen eines gesunden Snacks, der trotzdem lecker ist, ein schmackhafter selbstgemachter Smoothie, ein Telefonat mit einer Freundin oder einem Freund, das Lesen eines guten Buches, Zocken …

Betrachte den Sport ebenso wie deine veränderte Ernährung nicht als etwas, das du eine Zeit lang machst und dann wieder lässt. Beides sollte dir in Fleisch und Blut übergehen und von jetzt an untrennbar mit deinem Leben verschmelzen. Je mehr du dich als sportlichen, gesundheits- und ernährungsbewussten Menschen siehst, desto weniger Aufwand und Anstrengung kostet es dich, dein Handeln darauf abzustimmen.

Power-Aufgabe 13: Trage jetzt in dein Ernährungs- und Soultagebuch deine regelmäßige sportliche Aktivität am Trigger-Routine-Reward-Beispiel ein.

Schritt 4

NEGATIVES DENKEN IN BEZUG AUF DEN EIGENEN KÖRPER VERÄNDERN UND DAS SELBSTWERTGEFÜHL STEIGERN

Ein gutes Selbstwertgefühl, Selbstliebe und Selbstmitgefühl brauchst du für ein glückliches Leben ohne Essstörung! Sei gut zu dir, sagt sich leicht und fühlt sich in den meisten Momenten doch so unglaublich schwer an. Aber auch das ist reine Übungssache. Selbst wenn deine Eltern und dein restliches Umfeld die schlechtesten Beispiele überhaupt waren, du noch nie ein nettes oder liebevolles Wort von ihnen gehört hast, kannst du es dir selbst gegenüber anders machen.

Mit fünfundzwanzig Jahren ist dein Gehirn voll ausgewachsen, aber das heißt nicht, dass es danach nicht mehr zu Veränderung in der Lage ist. Es ist belegt, dass wir als Menschen bis ins hohe Alter lernen und uns neuronal entwickeln können – da bist du keine Ausnahme! Begegne dir mit liebevoller Güte, sprich mit dir, als wärst du dein allerbester Freund oder deine Freundin, dem oder der du nur Gutes wünschst, den oder die du liebst, vertraust und zu dem oder der du aufschaust.

Deine negative Selbstauffassung auf deinen Körper und dein Inneres bezogen hat sehr viel zur Entstehung deiner Binge-Eating-Störung beigetragen. Mit ständiger Kritik, dem Gefühl, nie gut, schön, schlank oder klug genug zu sein, sendest du deinem Unterbewusstsein kontinuierlich ein Signal. Auf den Punkt gebracht lautet dieses: Ich bin wertlos. Das ist eine heftige Aussage. Aber überlege mal – würdest du dir, wenn du dich lieben und wertschätzen würdest, nicht ganz anders begegnen, anders mit dir umgehen und reden?

An dieser Stelle möchte ich noch einmal das Beispiel des Neugeborenen erwähnen. Für ein Baby wollen wir automatisch nur das Beste, wir sehen, wie wunderschön, unschuldig, zart und kostbar es ist. Da ist es nur natürlich, dass wir alles Schlechte von ihm fernhalten, es wenn nötig mit unserem Leben schützen und verteidigen wollen. Selbst wenn es uns mit seinem Schreien oder übelriechenden Windeln manchmal einiges abverlangt, lieben wir es bedingungslos. Denn wir wissen, dass Babys nun einmal so sind, dass sie unsere Hilfe und unsere Präsenz brauchen – Kritik oder irgendwelche Schuldzuweisungen für falsches Verhalten kommen uns da gar nicht in den Sinn.

Auch du warst einmal ein Baby, das von seinem Umfeld umsorgt und geformt wurde, bis du irgendwann nicht mehr so klein, dafür immer selbstständiger und schließlich ein voll funktionsfähiger und verantwortungsbewusster erwachsener Mensch warst. Da gibt es nur einen Haken: Wir sind als Menschen, als Seelen, nicht nur hier auf der Erde, um zu funktionieren. Eltern, Großeltern, Geschwister, Onkel und Tanten, Lehrer und die Medien lehren uns Denkweisen, die zu unbewussten Programmen und Glaubenssätzen in uns werden. Oftmals ist uns gar nicht bewusst, dass wir diese haben und von ihnen gesteuert werden. Und dass sie nicht einmal unsere eigenen sind. Wir machen sogenannte Fehler, fühlen uns irgendwann überhaupt nicht mehr so unschuldig, haben Angst vor dem, was andere Leute über uns denken könnten. Wir fürchten uns davor, nicht erfolgreich zu sein, nicht genug Geld, Anerkennung oder Aufmerksamkeit zu bekommen, von anderen abgelehnt zu werden und nicht in bestimmte, von der Gesellschaft geformte Schubladen zu passen. Wir wollen uns frei, glücklich, geliebt und verbunden fühlen und versuchen das zu erreichen, indem wir Teile von uns abschotten, damit wir besser zu dem passen, was uns diese Gefühle hoffentlich schenken wird.

Doch wenn wir so leben, ist unser Alltag ein einziger Kampf, bei dem wir immer mehr die Verbindung zu unseren eigenen Werten, unserem Inneren und Herzen verlieren. Das Problem bist jedoch nicht du, das Problem ist die Welt und wie sie funktioniert. Trotzdem musst du da nicht länger mitmachen. Du kannst einfach aufhören dieses Spiel mitzuspielen, bei dem es letzten Endes nur Verlierer gibt und das dich sowieso im Grunde nur unglücklich macht.

Sich mit Persönlichkeitsentwicklung zu beschäftigen, kann viele wertvolle Einsichten über sich selbst bringen und das Leben reichhaltiger machen. Jedoch geht sie oftmals davon aus, dass mit dir von Grund auf etwas nicht stimmt, weshalb du dich verbessern und ändern musst.

Dieser Annahme möchte ich vehement widersprechen.

Irgendwann habe ich den nachfolgenden Satz gehört und er ist zu meinem neuen Lebensmotto geworden. Er stellt für mich eine tiefe Wahrheit dar und verändert einfach alles. Bist du bereit, ihn zu hören, ihn wirklich in dich aufzunehmen und zu verinnerlichen?

Du bist perfekt und es gibt Raum zur Verbesserung.

Du bist und warst niemals defekt. Auch wenn du an der Binge-Eating-Störung leidest, so ist auch dieses nur Ausdruck verschiedener von dir erfüllter Bedingungen, die zu der Entstehung der Essstörung geführt haben.

Mit deinem negativen Selbstbild verhält es sich genauso. Irgendwann in deinem Leben, als du noch sehr klein warst, gab es mal eine Zeit, in der du dir selbst immer gut genug warst. Da hast du nicht an dir oder deinem Aussehen gezweifelt. Du mochtest dich sogar so sehr, dass du nicht den geringsten Gedanken an deine Figur verschwendet hast und einfach im Moment gelebt hast. Du hast gespielt, gelacht, manchmal geweint und dann wieder gestrahlt. Du warst einfach du.

Ich glaube, dass wir im Leben alle lernen und neu entdecken dürfen, wie wunderbar wir eigentlich sind. Und das vom Verstand her zu verstehen und tief zu fühlen, sind auch noch einmal zwei Paar Schuhe. Doch es ist möglich.

Erfolgs- und Moneycoach Bodo Schäfer empfiehlt zum Aufbau des Selbstwertes, sich jeden Morgen vor den Spiegel zu stellen, zu lächeln und etwas zu sagen wie: „{Name}, wie schön, dass es dich gibt. Du bist klasse! Ich liebe dich.“ Seine Abendroutine gibt vor, mindestens fünf Dinge aufzuschreiben, die du am Tag besonders gut gemacht hast. Du wirst schon nach kurzer Zeit merken, wie diese einfachen Übungen dein Selbstbewusstsein stärken.

Denn egal, was du in dieser Welt machst und erreichen möchtest: Du brauchst einen gesunden Selbstwert, um erfüllt zu sein und zu erkennen, was du wirklich aus tiefstem Herzen erreichen möchtest und wie du dorthin kommst.

Und noch eines: Es ist etwas dran an dem Spruch „Glaube nicht jeden Gedanken, den du denkst“! Wenn du dich das nächste Mal dabei ertappst, wie du dich gedanklich runtermachst, halte einen Augenblick inne und lasse dir deinen im Geiste gesagten Satz noch einmal durch den Kopf gehen. Oder noch besser: Schreibe ihn in dein Soul- und Ernährungstagebuch.

Er könnte zum Beispiel lauten: „Warum hast du XY so gemacht, das war ein Fehler!“

Angenommen, du wärst dein bester Freund oder deine beste Freundin, was würdest du aus diesem Satz machen? Zum Beispiel: „Du hast das Beste getan, was du in diesem Moment tun konntest und das ist okay. Mach dir keine Vorwürfe. Denk lieber darüber nach, wie du es dir den Rest des Tages schön machen und dir etwas Gutes tun kannst.“

Power-Aufgabe 14: Schreibe innerhalb der folgenden Woche einen kritischen, tadelnden oder gemeinen Satz deines inneren Kritikers pro Tag in dein Soul- und Ernährungstagebuch und formuliere ihm im Sinne deiner besten Freundin oder deines besten Freundes um. Schließe danach deine Augen, lege deine Hand über dein Herz, atme dreimal bewusst ein und wieder aus und spüre Liebe, Wertschätzung und Dankbarkeit für deinen Körper und dein Leben.

Power-Aufgabe 15: Halte in den kommenden sieben Tagen jeden Morgen ein aufrichtiges Kompliment zu deinem Äußeren in deinem Soul- und Ernährungstagebuch fest.

Schritt 5

STRATEGIEN FÜR DIE RÜCKFALLPROPHYLAXE ZU HAUSE ERLERNEN

In der Suchtforschung ist man inzwischen dazu übergegangen, die frühere Bezeichnung von „Rückfälle“ in „Vorfälle“ umzuwandeln. Es fällt leicht, mit dem Wort „Rückfall“ etwas Negatives zu assoziieren. Im Gehirn entsteht dabei schnell das Bild einer geraden Linie, die nach oben führt und auf der man bisher gut vorangekommen ist – bis man plötzlich stürzt, nach hinten fällt und sich an einem Punkt wiederfindet, den man längst überschritten hatte. Rückfall klingt nach Scheitern und Versagen. Diese Annahme befeuert unwillkürlich Gefühle der Angst, Scham und Schuld.

Kennst du zufällig die Erzählung vom kleinen Prinzen von Antoine de Saint-Exupéry? Der kleine Prinz verlässt eines Tages seinen Planeten und geht auf Reisen. Auf dieser Reise macht er auch auf einem Planeten halt, den ein Trinker bewohnt. Als der kleine Prinz diesen, wie er findet, armen Mann fragt, warum er trinkt, antwortet dieser: „Weil ich mich schäme.“ Daraufhin fragt der kleine Prinz, weshalb er sich schämt. Der Mann antwortet: „Weil ich trinke.“

Genauso funktioniert Sucht auf der Ebene der Emotionen. Die Scham über das eigene Verhalten oder einen empfundenen „Rückfall“, führt zu einem noch geringeren Selbstwertgefühl und weniger Selbstliebe. Man ist es sich nicht wert, bessere Entscheidungen zu treffen, da man ja „eh schon ein Versager ist, nichts anderes verdient hat, es eh nie schaffen wird, nicht gut genug ist …“ Sich zu schämen, wenn man der eigenen Meinung nach einen Fehler gemacht hat und sich mit der Scham entsprechenden weiteren Gedanken und harscher Kritik zu bestrafen, führt nur dazu, dass man sich das Loch, in dem man sitzt, noch tiefer gräbt.

Außerdem gibt es einen sehr kleinen, aber in seiner Bedeutung immens großen Unterschied zwischen Scham und Schuld: Hattest du eine Essattacke, bei der du ohne Rücksicht und ohne vorher um Erlaubnis zu fragen, die ganzen Lebensmittel deines Mitbewohners oder deiner Partnerin vertilgt hast, fühlst du dich hinterher schuldig.

Du weißt, dass du etwas getan hast, das nicht okay war. Deine Handlung war nicht in Ordnung.

Empfindest du hingegen Scham, denkst und fühlst du, dass du als Mensch schlecht bist. Aber Handlungen können verändert werden. Du kannst dich schuldig fühlen, aber trotzdem sicher sein, dass du ein guter und toller Mensch bist. Brechen wir gesellschaftliche Regeln und Abmachungen, empfinden wir Schuld. Wenn du jedoch Scham empfindest und im Grunde meinst, dass du schlecht bist, ist es egal, was du tust oder wie sehr du dich anstrengst: Du bist und bleibst schlecht. Scham hilft dir bei deiner Heilung nicht weiter. Ebenso wenig wie die Betrachtung eines neuerlichen Essanfalls als Rückfall.

Der Begriff „Vorfall" impliziert, dass etwas vorgefallen ist. Vor-gefallen im Sinne von vor dein Vorhaben, mit dem in diesem Buch erlernten Werkzeugen gut auf dich zu achten, gefallen. Etwas hat sich davor-geschoben. Vielleicht ein besonders heftiger Streit mit einem Menschen, der dir sehr am Herzen liegt und den daraus entstandenen starken Emotionen. Oder eine Kündigung, der plötzliche Tod einer Bekannten oder ein Vertrauensbruch einer geliebten Person. Das alles können Ereignisse, Vorfälle sein, die in dir einen scheinbar übermächtigen Wunsch nach einer Essattacke auslösen.

Das ist okay und normal. Du bist perfekt, aber du musst und wirst nicht alles perfekt machen.

Dein Lebens- und Heilungsweg ist sicherlich keine gerade Linie. Stell ihn dir eher verschlungen mit zig Schnörkeln vor, auf denen du auch mal eine Biegung nach unten machst, aber dennoch insgesamt auf dem aufsteigenden Ast bist. Habe Vertrauen und sei mitfühlend und verständnisvoll dir selbst gegenüber.

Das Einzige, worum ich dich bitte ist, dass du bei einem solchen Vorfall, genau wie sonst auch, bewusst bleibst. Nimm alles so gut wahr, wie es dir möglich ist. Schalte deine Aufmerksamkeit nicht ab, weil du dich schämst oder weil es so leichter ist. Bleibe bei dir, beobachte dich wie von außen, während du die Lebensmittel konsumierst.

Ziel ist nicht, dein Verhalten in diesem Moment zu kontrollieren, sondern dir Raum zu geben.

Raum für deine Wahrnehmung und dein Fühlen. Sei einfach eine Beobachterin oder ein Beobachter, ohne dich zu verurteilen. Durch dein Bewusstsein in dem jeweiligen Moment, wird sich dein Verhalten mit der Zeit automatisch verändern. Denn das, wodurch wir uns schaden, läuft zu großen Teilen auf der unbewussten Ebene ab – Stichwort Emotionen und körperliche Gefühle wahrnehmen. Außerdem sind auch diese Verhaltensweisen, die du vielleicht nicht magst, von dir. Kapsele dich nicht von ihnen ab. Zusammen mit allem Wunderbaren in dir ergeben sie ein großes, vollständiges Bild.

Und noch eines: Du wirst niemals zu einer Person, die du liebst, indem du dich mit einer Peitsche aus Verachtung, Hass und Ablehnung malträtierst. Je weniger du dein Verhalten neutral und mit Abstand betrachten kannst, desto mehr Kontrolle hat es über dich. Hier ist eine hoch wertvolle und praktische Vorgehensweise, die du nach einem Binge Eating Anfall anwenden kannst.

EFT – EMOTIONAL FREEDOM TECHNIQUES

Die Techniken der emotionalen Freiheit, kurz EFT, stammen aus der energetischen Psychologie. Die Praxis behandelt Stress, Schmerzen sowie psychische Störungen. Dies geschieht durch das Stimulieren von Akupressurpunkten. Es vereint Neuro-Linguistisches Programmieren (NLP), die Meridianlehre und

Kinesiologie. Dabei wird durch das Klopfen mit den Fingern auf insgesamt neun Meridiane im Gesicht, auf dem Oberkörper, auf der Hand und auf dem Kopf und das Fokussieren auf das jeweilige Problem der damit verbundene Stress gelindert und abgebaut. Die Klopfmethode verursacht keine Nebenwirkungen und der jeweilige körperliche oder emotionale Zustand kann durch sie auch nicht verschlechtert werden. Wenn die entsprechenden Meridiane nicht punktgenau getroffen werden, vermindert sich jedoch die Wirksamkeit der Technik.

Der Amerikaner Gary Craig hat die EFT-Methode in den neunziger Jahren entwickelt. Die American Psychological Association (APA) hat die Emotional Freedom Technique im Jahr 2012 als wissenschaftliche fundierte Methode akzeptiert. Die Klopfakupressur ist eine Kurzzeittherapie, die rasche Erleichterung bringt. Du kannst sie vor einer Essattacke, vor allem aber auch danach anwenden. Sie wirkt Schamgefühlen und Selbstverurteilung effektiv entgegen.

Ablauf: Die Technik beginnt mit der sogenannten Stress-Skala. Dabei fühlst du in dich hinein und schätzt den Schmerz, die Angst oder den Stress, den du auf eine bestimmte Sache bezogen empfindest auf einer Skala von null bis zehn ein. Zehn ist dabei die intensivste Stufe, das Maximum.

Danach folgt der Erinnerungssatz, der das Problem und gleichzeitig die Lösung in Form von bedingungsloser Selbstliebe und Wertschätzung enthält. Es ist von großer Bedeutung, dass du dein Problem so genau wie möglich formulierst. Vergiss die richtige Grammatik oder deine Manieren in Bezug auf Schimpfwörter und Wörter, die du normalerweise nicht in den Mund nehmen und laut aussprechen würdest. Sei so authentisch wie möglich, nenne die Dinge beim Namen und sage sie so, wie sie in deinem Kopf als ungefilterte Gedanken auftauchen.

Mein Therapeut, der ebenfalls mit dieser Technik arbeitet, erzählte mir einmal, dass die Methode bei einer stark übergewichtigen Frau zunächst nicht zu funktionieren schien. Schließlich kam sie zu dem Schluss, dass sie bisher vor ihrer eigenen Therapeutin bei der Praxis stets etwas zurückgehalten hatte – nämlich das, was sie wirklich über sich selbst dachte.

Aus „Auch, wenn ich mich wieder mit Essen vollgestopft habe, liebe und akzeptiere ich mich so wie ich bin“ wurde dann „Auch wenn ich ein Schwein bin, liebe und akzeptiere ich mich so wie ich bin“. Diese Aussage ist hart, schwer zu verdauen und fühlt sich zurecht nach extremer Selbstverachtung an. Und diese ist es doch, die es in Selbstliebe zu transformieren gilt!

Genauso ist es auch, aber um ehrliche Wertschätzung und Liebe für sich selbst zu empfinden, gilt es erst einmal, die Punkte zu beleuchten, in denen genau das Gegenteil stattfindet, gedacht und gefühlt wird. Und das kann mitunter sehr schmerzhaft sein. Dennoch ist es nötig, diese dunklen, dreckigen und verstaubten Ecken unseres Bewusstseins zu beleuchten und klar zu sehen, als weiterhin vor uns selbst und oder anderen so zu tun, als gäbe es sie nicht. Das, was du über dich denkst, kann sehr verletzend sein. Aber egal, wie schlimm es ist, du kannst dir trotzdem Liebe und Mitgefühl entgegenbringen. Genau darum geht es bei EFT.

Wenn du diesen Satz, dein Problem aussprichst, dann fühle den damit verbundenen Schmerz so gut du kannst. Währenddessen beklopfst du die Meridiane und sagst den zweiten Teil des Erinnerungssatzes „… ich liebe und akzeptiere ich mich so wie ich bin“. In vielen Fällen reicht ein einmaliger Durchgang bereits aus, damit der Stress, Schmerz oder die Angst auf der Skala deutlich nachlassen. Ab und zu brauchst du mehrere Durchläufe, bis der gewünschte Zustand der Linderung erreicht ist.

Hier noch mal der exakte Bauplan für den passenden und genauen Erinnerungssatz:

„Auch wenn ich … einen Essanfall hatte, Angst vor XY habe, XY falsch gemacht habe, große Wut habe, versagt habe …, liebe und akzeptiere ich mich so wie ich bin.“ Während du diesen Satz sagst, klopfst du mit zwei Fingern auf deine Handkante auf die weiche Stelle, zwischen der Wurzel deines kleinen Fingers und deinem Handgelenk. Dieser Punkt nennt sich auch der „Karatepunkt", da man ihn bei einem Karateschlag treffen würde.

Für eine bildhafte Darstellung der Klopfpunkte kannst du auf der Seite www.eft-info.com, www.emofree.com oder www.official-eft.de oder bei Youtube unter dem Begriff Emotional Freedom Techniques nachsehen.

Sprich den Satz nun immer wieder aus, während du die übrigen Meridianpunkte abklopfst. Es reicht auch, wenn du irgendwann nur noch die Haupttriggerwörter deines Problems sagst. Wie zum Beispiel: „Diese Essanfälle … ich schäme mich …". Finde und nenne hier einfach die Reizworte bzw. die Reizphrasen, die in dir das negative Gefühl auslösen. Klopfe mindestens fünf bis sieben Mal mit zwei Fingern auf den entsprechenden Meridianpunkt. Hier sind die **Klopfpunkte**. Du kannst diese auf der rechten oder auf der linken Seite deines Körpers ausführen – ganz wie du willst:

- AB – am Anfang deiner Augenbraue, innen
- SA – seitlich deines Auges, auf dem Rand des Knochens
- UA – unter deinem Auge, auf dem Jochbein
- UN – unter deiner Nase, zwischen Nase und Oberlippe
- UL – unter deiner Lippe, zwischen deiner Unterlippe und deinem Kinn
- SB – nahe deines Schlüsselbeins, zwischen deinem Schlüsselbein, Brustbein und der obersten Rippe
- UA – unter deinem Arm, etwa zehn Zentimeter unter der Achselhöhle auf der Seitenlinie des Körpers
- PU – Puls, auf der Innenseite des Handgelenks, dort, wo der Pulsschlag tastbar ist

- KO – auf der Spitze deines Kopfes, dort, wo sich in etwa ein Wirbel befindet

Wenn du alle Punkte, zusammen mit dem Aussprechen deines Erinnerungssatzes bzw. später dann der Reizwörter, abgeklopft hast, atme dreimal geräuschvoll (seufzend) tief durch. Spüre in deinem Inneren nach, wie du dich fühlst und nimm eine erneute Einstufung in der Stressskala vor.

Falls du das Gefühl hast, festzuhängen und mit einem Problem überhaupt nicht weiterzukommen – beispielsweise häufen sich die „Vorfälle", treten in kurzen Abständen auf und du spürst trotz mehrfacher Klopfdurchgänge zu wenig Linderung der schmerzhaften Gefühle und des Stresspegels in dir –, gibt es noch die Möglichkeit der Gamutprozedur zur Auflösung hartnäckiger Blockaden.

DIE GAMUTPROZEDUR

Der Gamutpunkt befindet sich zwischen den Handknöcheln deines Ringfingers. Rutsche mit dem Finger von dort aus etwa einen Zentimeter nach unten, bis dein Finger in einer kleinen Mulde liegt, dann bist du richtig. Sprich nun noch einmal deinen Erinnerungssatz laut aus, während du ununterbrochen immer wieder mit einem oder zwei Fingern auf den Gamutpunkt klopfst.

Führe während dieses Klopfens Folgendes aus:

- schließe deine Augen
- öffne deine Augen
- blicke mit deinen Augen nach scharf unten rechts

- blicke mit deinen Augen nach scharf unten links
- lasse deine Augen einmal im Uhrzeigersinn kreisen
- lasse deine Augen nun in die andere Richtung kreisen
- summe einen bestimmten Ton oder ein Lied
- zähle von eins bis fünf
- summe erneut einen Ton oder ein Lied
- wiederhole diese Abfolge ein weiteres Mal

So ungewöhnlich diese Technik auf den ersten Blick erscheint, so wirkungsvoll ist sie, dich aus deinem Festhängen zu befreien. Bedenke stets: Das Wichtigste ist, deine negativen Gefühle auf dich selbst bezogen, aufzulösen und umzuwandeln. Du musst nicht an diese Techniken glauben, damit sie funktionieren. Praktiziere sie einfach und erlebe die Veränderung in dir.

DEIN 9-SCHRITTE-NOTFALLPLAN

Alle vorangegangenen Kapitel, Übungen, Denkanstöße und Aufgaben tragen dazu bei, dich vom Binge Eating zu befreien. Es kann dennoch der Zeitpunkt kommen, an dem du bemerkst, dass du kurz vor einer Essattacke stehst. In einer solchen Situation kannst du nicht einfach mal kurz dieses Buch von vorne bis hinten durchlesen, um die Essattacke von dir abzuwenden. Deshalb bekommst du jetzt einen Soforthilfe-Plan an die Hand, den du anwenden kannst, um einer aufkommenden Essattacke mit Mut und Selbstliebe entgegenzutreten.

- Du bemerkst, dass du kurz vor einer Essattacke stehst.
- Mach dir bewusst, dass es dir eigentlich nicht um das Essen an sich (im Sinne von „ich habe riesigen Hunger") geht, sondern dass du ein negatives Gefühl kompensieren möchtest.
- Halte einen Moment inne und überlege dir, um was für ein negatives Gefühl es gerade wirklich geht. Einsamkeit, Frustration, Angst oder ein Konflikt mit anderen…? Sprich laut oder im Geist drei Mal den Satz aus: „Es geht mir gerade nicht um das Essen, ich will nur dieses schlechte Gefühl loswerden und suche dafür ein Ventil".
- Denke bewusst daran, dass du den Stress, der gerade in dir entsteht, entweder durch eine Essattacke oder aber durch eine andere Methode der Stressbewältigung loswerden kannst.
- Stelle dir die Frage, welche Methode für dich nachhaltiger ist und beantworte sie dir selbst ehrlich.
- Entscheide dich ganz bewusst dazu, das negative Gefühl, das den Stress auslöst, nicht durch eine Essattacke,

sondern durch eine alternative Methode loszuwerden. Diese könnte wie folgt aussehen:

- eine kurze Sporteinheit
- ein kurzer 10 – 20-minütiger Spaziergang
- ein Telefonat mit einem guten Freund oder einer guten Freundin
- in Siebener-Schritten langsam von 100 bis 0 herunterzählen
- ein Blatt Papier zur Hand nehmen und positive Erlebnisse aus der Vergangenheit aufschreiben
- eine Meditation
- Breathwork
- EFT-Klopfrunden

Beachte, dass du hier gerne auch andere Methoden zur kurzzeitigen Stressbewältigung nutzen darfst. Die genannten Beispiele sind nicht in Stein gemeißelt, sondern dienen lediglich als grobe Orientierung für dich. Es geht dabei vor allem darum, dass du dir 10 – 20 Minuten Zeit für dich nimmst und versuchst, mit einer Methode, welche dir liegt, dem aufkommenden Stress keine Möglichkeit zu bieten, sich zu entfalten.

– Setze dich anschließend für 10 – 15 Minuten auf einen bequemen Stuhl. Konzentriere dich in dieser Zeit bewusst auf eine ruhige, gleichmäßige Atmung und ihre entspannende Wirkung. Wenn du dabei in Gedanken versinkst, dann versuche positive Gedanken in Bezug auf dich selbst in den Vordergrund zu rücken.

– Es ist gut möglich, dass es dir nach diesen sieben Schritten schon viel besser geht und du den Gedanken an die aufkommende Essattacke vollständig verloren hast. Glückwunsch, dann hast du diese Essattacke besiegt. Wenn du jetzt immer noch an sie denken musst, dann stelle dir die Frage, ob du den Auslöser, der für den

Drang zum Überessen verantwortlich ist, für den Moment „machtlos" gemacht hast. Wenn das der Fall ist, weißt du ebenso, dass du in diesem Moment gut ohne Essattacke auskommst. Sollte der Drang zum Essen immer noch sehr stark existent sein, dann gib dir die liebevolle Erlaubnis, dich deiner Essattacke hinzugeben. Kämpfe nicht gegen sie an, sondern versuche dich dabei einfach selbst zu beobachten und bewusst zu bleiben.

- Habe diesen Plan immer bei dir. Schreibe dir vorab 2 – 3 mögliche Optionen zur Stressbewältigung auf, die zu dir passen und die du gut anwenden kannst.

Wenn es zu einem „Vorfall" gekommen ist, dann denke immer daran: „Lass dich davon nicht entmutigen, denn eines steht fest: Du bist ein toller und wertvoller Mensch, egal ob mit oder ohne Binge-Eating-Störung!" Akzeptiere diesen Ausrutscher als Teil deines Weges zur Heilung. Du hast immerhin zuerst deinen Soforthilfe-Plan durchgearbeitet und dich nicht einfach deiner Erkrankung hingegeben und bist ins Unbewusste abgedriftet. Dieses Mal hast du vielleicht verloren, aber schon bald wirst du gewinnen, davon bin ich überzeugt.

SCHLUSSWORT – VOM WISSEN INS HANDELN KOMMEN

Mit der Fünf-Schritte-Methode aus diesem Buch hältst du das Ticket für deine emotionale Freiheit und ein glückliches, erfüllendes Leben ohne Binge Eating in deiner Hand. Es ist an dir, es einzulösen, indem du die Schritte täglich praktizierst. Wenn du immer noch zweifelst und Schwierigkeiten damit hast, ins Handeln zu kommen, mache dir die Endlichkeit deines Lebens bewusst.

Wie wir alle bist auch du nur eine begrenzte Zeit auf dieser Welt. Wäre es nicht schön, wenn du daraus das Beste machen könntest? Das geht, wenn du dich von deinen selbst auferlegten Ketten befreist und mutig genug bist, den ersten Schritt zu tun. Wie ein bekanntes Sprichwort sagt, musst du nicht bereits zu Beginn den vollständigen Weg kennen, um loszugehen. Du kannst einfach einen Schritt nach dem anderen machen – denn der Weg führt zwangsläufig ans Ziel. So verhält es sich auch mit der Fünf Schritte-Methode. Sei es dir wert, dein Leben jetzt selbst in die Hand zu nehmen und etwas anderes zu machen als bisher! Ich glaube mit ganzem Herzen an dich und an deine Kraft. Heilung ist nicht nur möglich, sie ist auch zum Greifen nah, wenn du ins Handeln kommst.

Hier noch einige zusätzliche Tipps für deine Genesung:

- Checke deine Blutwerte (großes Blutbild und alle Vitamine und Mineralstoffe) mindestens einmal jährlich, um Gewissheit darüber zu haben, ob deine momentane Ernährung optimal funktioniert.
- Greife auf Nahrungsergänzungsmittel aus vertrauenswürdigen Quellen zurück. Selbst wenn du dich sehr gesund ernährst, ist es möglich, dass du nicht ausreichend

mit allen Vitaminen, Mineralstoffen und Enzymen versorgt bist. Das liegt an der veränderten Erde, die nicht mehr dieselbe hochwertige Qualität wie noch vor hundertfünfzig Jahren aufweist – das trifft leider auch zu, wenn du dein Obst und Gemüse in deinem eigenen Garten anbaust und dafür „selbst hergestellte Erde“ aus deinem Kompost verwendest. Die Nahrungsergänzungsmittel, die ich dir ggf. empfehle sind: Vitamin B12, Zink, Selen, Jod, Vitamin C, Beta Carotin, Folsäure, Magnesium, Coenzym Q10, Vitamin K, Vitamin D.

- Trinke Quellwasser oder mit einem Umkehrosmosefilter gefiltertes Wasser.
- Gehe jeden Tag für mindestens dreißig Minuten, vorzugsweise vormittags, an die frische Luft; achte darauf, dass du genügend Sonnenlicht abbekommst.
- Bewege dich mindestens zwanzig Minuten pro Tag so intensiv, dass du ins Schwitzen kommst; nimm, wann immer es dir möglich ist, lieber die Stufen, statt den Aufzug und richte auch sonst dein Leben auf Bewegung aus.
- Erinnere dich immer wieder daran, durch dein Bewusstsein, Hinsehen und genaues Hinfühlen und oder ein anderes Pattern Interrupt eine Lücke zwischen dem Auslöser (Trigger) und deiner Handlung (Routine) zu schaffen.
- Notiere am Abend ein bis drei Dinge, für die du dankbar bist, in deinem Soul- und Ernährungstagebuch.
- Iss ab und zu in völliger Stille, ohne die Ablenkung durch dein Handy, das Schauen eines Films oder einer Serie oder Gespräche; kaue bedächtig, konzentriere dich ganz auf das Essen, wie es sich in deinem Mund anfühlt, was in deinem Körper beim Essen vorgeht und

auf das Gefühl der Dankbarkeit für diese Mahlzeit vor dir.

- Schreibe einen Liebesbrief von mindestens einer DIN-A4-Seite an dich selbst. Er darf ruhig kitschig werden! Halte darin alles fest, was du an dir liebst. Gerate dabei richtig ins Schwärmen und lass dich wissen, wie fantastisch du dich findest.
- Kaufe dir ein Kleidungsstück neu oder gebraucht, in dem du dich nicht nur wohl, sondern auch absolut unwiderstehlich und schön fühlst. Und das du dich bisher vielleicht nicht zu tragen getraut hättest.
- Verwöhne dich mit heilsamen Klängen wie vom Youtubekanal Meditative Mind.
- Plane mindestens einmal in der Woche eine Aktivität ein, die dir richtig viel Spaß macht.
- Auch wenn du dich für einen schlechten Tänzer hältst: Dreh mindestens einmal im Monat die Musik bei dir zu Hause voll auf und tanze losgelöst zu deinem Lieblingssong!
- Stell dich nackt vor den Spiegel und sage etwas Nettes über dein Aussehen.
- Lass dich regelmäßig umarmen, verschenke Umarmungen, liebe Worte und deine Aufmerksamkeit an Menschen, die du gerne hast und oder von denen du meinst, dass sie diese im Augenblick gut gebrauchen könnten.
- Lächle einen fremden Menschen auf der Straße an und mach dir bewusst, dass du wertvoll, wichtig und liebenswert genug bist, um dieser bestimmten Person ihren Tag zu versüßen.
- Iss die gesündesten Lebensmittel auf deinem Teller immer zuerst.

- Lege monatlich eine Liste mit all den Dingen an, auf die du stolz bist.
- Lächle dich an, jedes Mal, wenn du in den Spiegel siehst.
- Schreibe deinen perfekten Tag auf: Wie beginnt er, wie fühlst du dich gleich nach dem Aufwachen? Mit welchen Tätigkeiten verbringst du deine Zeit? Welche Menschen umgeben dich? Wo hältst du dich auf?

Printed in Poland
by Amazon Fulfillment
Poland Sp. z o.o., Wrocław

48327312R00097